John Gray
Katzen und der Sinn des Lebens

atb aufbau taschenbuch

JOHN GRAY, geboren 1948, ist Professor für Europäische Ideen-geschichte an der London School of Economics. Durch zahl-reiche Sendungen für die BBC wurde er weltweit bekannt, wie auch als Autor herausragender Bücher gefeiert: »Die falsche Verheißung. Der globale Kapitalismus und seine Folgen«, fer-ner der Weltbestseller »Straw Dogs«(dt. »Von Menschen und anderen Tieren«). Sein Buch »Katzen und der Sinn des Lebens« erscheint in 21 Ländern.

JENS HAGESTEDT, Jahrgang 1958, studierte Germanistik, Mu-sikwissenschaft und Philosophie in Hamburg. Er übersetzt po-litische und naturwissenschaftliche Sachbücher aus dem Engli-schen und Französischen. Zu den von ihm übersetzten Autoren gehören Ronan Bergman, Judith Butler, Amartya Sen, Slavoj Žižek und Geoffrey West.

Wie wird man glücklich? Wie ist man gut? Wie wird man ge-liebt? Philosophen beschäftigen sich seit Jahrtausenden mit den immer gleichen Fragen. Vielleicht hätten sie sich einfach mal in eine Katze hineinversetzen sollen. Denn die kennen weder Angst noch Zweifel. Sie verkörpern wie kein anderes Tier Ant-worten auf die großen Fragen nach Liebe, Sterblichkeit und Moral. Der Philosoph John Gray erforscht nach seinem Welt-bestseller »Straw Dogs« nun die Natur der Katzen. Sie zeigen uns, wie wir besser mit stetigem Wandel umgehen. Grays so spielerisches wie tiefgründiges Werk mündet in zehn Ratschlä-ge, die Katzen uns Menschen geben würden: »Vergessen Sie die Suche nach dem Glück, und Sie können es finden«, lautet nur einer davon. Grays charmantes Buch über die Weisheit der Katzen wurde zum internationalen Bestseller.

JOHN GRAY

—

KATZEN UND DER SINN DES LEBENS

—

PHILOSOPHISCHE BETRACHTUNGEN

Aus dem Englischen von Jens Hagestedt

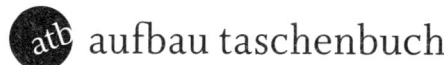 aufbau taschenbuch

Die Originalausgabe unter dem Titel
Feline Philosophy
erschien 2020 bei Allen Lane, London.

MIX
Papier | Fördert
gute Waldnutzung
FSC® C083411

ISBN 978-3-7466-4130-0

Aufbau Taschenbuch ist eine Marke
der Aufbau Verlage GmbH & Co. KG

2. Auflage 2024
Vollständige Taschenbuchausgabe
© Aufbau Verlage GmbH & Co. KG, Berlin 2022
www.aufbau-verlage.de
10969 Berlin, Prinzenstraße 85
Die deutsche Erstausgabe erschien 2022 bei Aufbau,
einer Marke der Aufbau Verlage GmbH & Co. KG
Copyright © 2020, John Gray
Umschlaggestaltung zero-media.net, München
unter Verwendung einer Illustration von
© Cover Artwork by Armano Veve
Satz LVD GmbH, Berlin
Druck und Binden CPI books GmbH, Leck, Germany

Printed in Germany

INHALT

1
—

KATZEN UND PHILOSOPHIE

Ein Philosoph versicherte mir einmal, er habe seine Katze dazu bewegt, Veganerin zu werden. Da ich glaubte, er scherze, fragte ich ihn, wie er dieses Kunststück vollbracht habe: Hatte er der Katze vegane Leckerbissen mit Mäusegeschmack dargeboten? Hatte er ihr andere Katzen, die schon praktizierende Veganer waren, als Vorbilder hingestellt? Oder hatte er mit ihr diskutiert und sie davon überzeugt, dass es falsch ist, Fleisch zu essen? Mein Gesprächspartner fand das gar nicht lustig. Mir wurde klar, dass er wirklich glaubte, die Katze habe sich für fleischlose Ernährung entschieden. Daher beendete ich unsere Plauderei mit der Frage, ob die Katze das Haus verlasse. Das tue sie, sagte er. Damit war das Rätsel gelöst: Die Katze ernährte sich offenkundig dadurch, dass sie andere Häuser besuchte und auf die Jagd ging. Falls sie Kadaver nach Hause brachte, wozu ethisch unreife Katzen leider neigen, so war es dem tugendhaften Philosophen gelungen, sie nicht zu bemerken.

Man kann sich unschwer vorstellen, wie die Katze, das Versuchsobjekt dieses Experiments in Sachen Moralerziehung, ihren menschlichen Lehrer empfunden haben muss. Anfänglicher Ratlosigkeit angesichts des Verhaltens des Philosophen dürfte bald Gleichgültigkeit gefolgt sein. Katzen tun selten etwas, was nicht einem Zweck dient oder unmittelbar Freude bereitet, denn Katzen sind eingefleischte Realisten. Konfrontiert mit menschlicher Torheit, gehen sie einfach ihrer Wege.

Der Philosoph, der glaubte, seine Katze zu fleischloser Ernährung überredet zu haben, bewies nur, wie einfältig Philosophen sein können. Statt zu versuchen, seine Katze zu belehren, hätte er besser versucht, von ihr zu lernen. Menschen können zwar keine Katzen werden, doch wenn sie sich nicht für überlegene Wesen hielten, würden sie vielleicht verstehen, wie Katzen ein gutes Leben führen können, ohne sich ängstlich zu fragen, *wie* sie leben sollen.

Katzen brauchen keine Philosophie. Sie gehorchen ihrer Natur und sind zufrieden mit dem Leben, das diese ihnen schenkt. Beim Menschen dagegen scheint Unzufriedenheit mit seiner Natur zu dieser Natur zu gehören. Mit vorhersehbar tragischen oder lächerlichen Ergebnissen strebt das menschliche Tier unablässig danach, etwas zu sein, was es nicht ist. Katzen bemühen sich darum nicht. Während ein Großteil des menschlichen Lebens Streben nach Glück ist, ist Glück bei Katzen der Zustand, der sich von selbst einstellt, wenn konkrete Bedrohungen für ihr Wohlbefinden beseitigt sind. Vielleicht ist das der Hauptgrund, warum viele von uns Katzen lieben. Katzen ist ein Glück angeboren, das Menschen oft nicht erreichen.

Der Ursprung der Philosophie ist Angst, und Katzen leiden nicht unter Angst – es sei denn, sie werden bedroht oder befinden sich an einem ihnen fremden Ort. Für Menschen ist die ganze Welt bedrohlich und fremd. Religionen sind Versuche, ein unmenschliches Universum für Menschen bewohnbar zu machen. Die Philosophen haben den Glauben oft als weit unter ihren metaphysischen Spekulationen stehend abgetan, aber Religion und Philosophie dienen demselben Bedürfnis.[1] Beide versuchen, das ständige Unbehagen abzuwehren, das zum Menschsein gehört.

Beschränkte Köpfe werden sagen, der wahre Grund, warum Katzen nicht philosophieren, sei, dass ihnen die Fähigkeit zum abstrakten Denken fehlt. Man kann sich aber eine Katzenart vorstellen, die die Welt dennoch mit jener inneren Ruhe bewohnte, wie sie Katzen eignet. Würden sich diese Katzen der Philosophie zuwenden, dann als einem amüsanten Gebiet der phantastischen Literatur. Statt sie als Mittel gegen Ängste zu betrachten, würden diese Katzenphilosophen sie als eine Art Spiel betreiben.

Dass Katzen die Fähigkeit zum abstrakten Denken fehlt, ist kein Beweis dafür, dass sie uns unterlegen sind, sondern ein Zeichen von geistiger Freiheit. Das Denken in Allgemeinbegriffen führt leicht zu einem Aberglauben an die Sprache. Ein Großteil der Geschichte der Philosophie basiert auf der Anbetung sprachlicher Fiktionen. Katzen dagegen verlassen sich auf das, was sie berühren, riechen und sehen können; sie lassen sich nicht von Wörtern beherrschen.

Die Philosophie zeugt von der Schwachheit des menschlichen Geistes. Menschen philosophieren aus demselben Grund, aus dem sie beten. Sie wissen, dass der Sinn, den sie ihrem Leben gegeben haben, zerbrechlich ist, und leben in der Furcht, dass er tatsächlich zerbricht. Der Tod ist das ultimative Zerbrechen des Sinns, da er das Ende jeder Geschichte markiert, die Menschen sich erzählt haben. Also stellen sie sich vor, in ein Leben jenseits des Körpers in einer der Zeit enthobenen Welt überzugehen und ihre Geschichte in diesem anderen Reich weiterzuleben.

Die Philosophie war über weite Strecken ihrer Geschichte die Suche nach Wahrheiten, die beweisen sollten, dass nicht alles endlich sei. Platons Lehre von den Formen – unveränderlichen Ideen, die in einem ewigen Reich existieren – war eine mystische Vision, in der die menschlichen Werte vor dem Tod sicher waren. Da Katzen zwar zu wissen scheinen, wann es an der Zeit ist, zu sterben, aber nie an den Tod denken, haben sie kein Bedürfnis nach diesen Hirngespinsten. Wenn sie sie verstehen könnten, hätte die Philosophie sie nichts zu lehren.

Einige wenige Philosophen haben erkannt, dass man von Katzen etwas lernen kann. Arthur Schopenhauer (geboren 1788) war unter anderem für seine Liebe zu Pudeln berühmt, von denen er sich seit seinen Studentenjahren mehrere hielt und die er alle bei denselben Namen nannte – in der Öffentlichkeit »Butz«, sonst »Atman«. Er hatte aber auch mindestens eine Katze zur Gefährtin. Als er 1860 an Herzversagen starb, fand man ihn zu Hause auf seiner Couch liegend – neben einer namenlosen Katze.

Schopenhauer untermauerte seine Theorie, dass das Selbst eine Illusion sei, anhand seiner Haustiere. Menschen betrachten Katzen als eigenständige Individuen, wie sie selbst es zu sein glauben, aber für Schopenhauer war das ein Irrtum, da die einen wie die anderen jeweils Ausprägungen einer platonischen Form seien, eines Archetyps, der in vielen verschiedenen Ausprägungen wiederkehre. Letztlich sei jedes dieser scheinbaren Individuen eine vergängliche Verkörperung von etwas Fundamentalerem – dem unsterblichen

»Willen zum Leben«, der Schopenhauer zufolge das Einzige ist, was wirklich existiert.

Schopenhauer hat seine Theorie in seinem Werk *Die Welt als Wille und Vorstellung* dargelegt:

> Ich weiß wohl, dass, wenn ich einem ernsthaft versicherte, die Katze, welche eben jetzt auf dem Hofe spielt, sei noch dieselbe, welche dort vor dreihundert Jahren die nämlichen Sprünge und Schliche gemacht hat, er mich für toll halten würde: aber ich weiß auch, dass es sehr viel toller ist zu glauben, die heutige Katze sei durch und durch und von Grund auf eine ganz andere als jene vor dreihundert Jahren. […] Denn in gewissem Sinne ist es allerdings wahr, dass wir im Individuo stets ein anderes Wesen vor uns haben […]. In einem andern Sinne aber ist es nicht wahr, nämlich in dem, in welchem die Realität allein den bleibenden Formen der Dinge, den Ideen zukommt, und welcher dem Plato so klar eingeleuchtet hatte, dass derselbe sein Grundgedanke, das Zentrum seiner Philosophie […] wurde.[2]

Schopenhauers Auffassung, Katzen seien flüchtige Schatten einer Ewigen Katze, hat einen gewissen Charme. Aber wenn ich an die Katzen denke, die ich gekannt habe, kommen mir nicht zuerst ihre Gemeinsamkeiten in den Sinn, sondern das, was sie voneinander unterschied. Manche Katzen sind meditativ und ruhig, andere überaus verspielt; manche vorsichtig, andere rücksichtslos abenteuerlustig; manche still und friedfertig, andere laut und in hohem Maße durchsetzungsfähig. Jede hat ihre eigene Individualität – mit eigenen Vorlieben und Gewohnheiten.

Katzen haben ein Wesen, das sie von anderen Geschöpfen unterscheidet – nicht zuletzt von uns selbst. Das Wesen der Katzen, und was wir von ihm lernen können, ist Thema dieses Buches. Aber niemand, der mit Katzen gelebt hat, kann sie als austauschbare Ausprägungen eines einzigen Typs betrachten. Jede einzelne Katze ist einzigartig und mehr Individuum als so mancher Mensch.

Dennoch war Schopenhauer mit seinem Tierverständnis humaner als andere bedeutende Philosophen. René Descartes (1596–1650) soll eine Katze aus dem Fenster geworfen haben, um das Fehlen von Selbstbewusstheit bei nichtmenschlichen Geschöpfen zu demonstrieren; die Schreckensschreie der Katze hielt er für mechanische Reaktionen. Descartes führte auch Experimente an Hunden durch. So peitschte er einen zum Spiel einer Geige, um zu sehen, ob der bloße Klang des Instruments das Tier später erschrecken würde, was in der Tat der Fall war.

Von Descartes stammt das Diktum »Ich denke, also bin ich«. Mit ihm wollte er sagen, dass der Mensch im Wesentlichen Geist nicht physischer Organismus sei. Er wollte seine Philosophie zwar auf methodischen Zweifel gründen, doch kam es ihm nicht in den Sinn, die christliche Lehrmeinung anzuzweifeln, dass Tiere keine Seele hätten; er erneuerte sie vielmehr in seiner rationalistischen Philosophie. Descartes glaubte, seine Experimente würden beweisen, dass nichtmenschliche Tiere fühllose Maschinen seien. Was sie tatsächlich zeigten, war aber, dass Menschen gedankenloser sein können als jede andere Tierart.

Selbstbewusstheit kann in vielen Lebewesen entstehen. Während ein Strang der natürlichen Selektion zum Menschen führte, führte ein anderer zum Tintenfisch. In beiden Fällen war nichts vorherbestimmt. Die Evolution bewegt sich nicht in Richtung von Lebensformen, die sich ihrer selbst zunehmend bewusst sind. Selbstbewusstheit tritt zufällig auf; sie kommt und geht in den Organismen, die sie besitzen.[3] Die Transhumanisten des 21. Jahrhunderts glauben, die Evolution werde einen kosmischen Geist hervorbringen, der sich seiner selbst vollständig bewusst sei. Solche Überzeugungen haben Vorläufer in der Theosophie, im Okkultismus und im Spiritismus des 19. Jahrhunderts.[4] Keine von ihnen hat irgendeine Grundlage in Darwins Theorie. Dass Menschen sich ihrer selbst bewusst sind, könnte ein einmaliger Zufall sein.[5]

Vielleicht ist diese Schlussfolgerung trostlos. Aber warum sollte Selbstbewusstheit wichtiger sein als alles andere? Sie wird seit jeher überbewertet. Eine Welt aus Licht und Schatten, die ab und zu Lebewesen hervorbringt, die sich ihrer selbst partiell bewusst sind, ist interessanter und »erlebenswerter« als eine, die sich im unerschütterlichen Glanz ihres Spiegelbildes sonnt.

Wenn es sich selbst zuwendet, steht das Bewusstsein einem guten Leben im Wege. In einem nicht enden wollenden Versuch, schmerzhafte Erfahrungen in einen Bereich zu zwängen, der vom Bewusstsein abgeschottet ist, hat die Selbstbewusstheit den menschlichen Geist gespalten. Der unterdrückte Schmerz aber ist die Quelle der Fragen nach dem Sinn des Lebens. Im Unterschied dazu ist der Geist von Katzen eins und ungeteilt. Schmerz wird erlitten und vergessen, und die Freude am Leben kehrt zurück. Katzen brauchen ihr Leben nicht zu hinterfragen, da sie nicht daran zweifeln, dass das Leben lebenswert ist. Die Selbstbewusstheit des Menschen hat die immerwährende Unruhe geweckt, von der uns die Philosophie vergeblich zu kurieren versucht.

EIN KATZENLIEBENDER ANTIPHILOSOPH: MICHEL DE MONTAIGNE

Mehr Verständnis von Katzen und den Grenzen der Philosophie bewies Michel de Montaigne (1533–1592), als er schrieb: »Wenn ich mit meiner Katze spiele – wer weiß, ob ich nicht mehr ihr zum Zeitvertreib diene als sie mir?«[6]

Montaigne wird oft als einer der Begründer des modernen Humanismus genannt, einer Denkströmung, die darauf abzielt, jegliche Vorstellung von Gott hinter sich zu lassen. In Wahrheit aber stand er dem Menschen genauso skeptisch gegenüber wie Gott. »Das unseligste und gebrechlichste aller Geschöpfe ist der Mensch«, schrieb er, »gleichzeitig jedoch das hochmütigste.« Beim Durchforsten früherer Philosophien fand er keine, die das Wissen vom richtigen Leben, das Tiere von Natur aus besäßen, ersetzen könne. »So können sie uns mit gleichem Recht für vernunftlose Tiere halten wie wir sie.«[7] Andere Tiere seien den Menschen insofern überlegen, als sie ein angeborenes Verständnis davon besäßen, wie zu leben sei. Mit dieser Ansicht entfernte sich Montaigne vom christlichen Glauben und von den wirkmächtigsten Traditionen der westlichen Philosophie.

Skeptiker zu sein war zu Montaignes Zeiten riskant. Ebenso wie andere europäische Länder war auch Frankreich von Religionskriegen erschüttert. Montaigne wurde in sie hineingezogen, als er als Nachfolger seines Vaters Bürgermeister von Bordeaux wurde, fungierte aber auch nach 1570, nach seinem Rückzug aus der Welt in sein Studierzimmer, als Vermittler zwischen den sich bekriegenden Katholiken und Protestanten. Zur Stammlinie seiner Familie gehörten Marranos – iberische Juden, die, von der Inquisition verfolgt, gezwungen worden waren, zum Christentum zu konvertieren –, und wenn er in seinen Schriften die Kirche verteidigte, dann mag er damit versucht haben, sich vor Repressionen zu schützen, wie sie ihnen ausgesetzt waren. Er stand aber auch in einer Tradition von Denkern, die offen für den Glauben waren, weil sie an der Vernunft zweifelten.

Der Skeptizismus der griechischen Antike war in Europa im 15. Jahrhundert wiederentdeckt worden. Montaigne wurde von seiner radikalsten Strömung, dem Pyrrhonismus, beeinflusst. Pyrrhon von Elis (* ca. 360 v. u. Z.), nach dem diese Strömung benannt ist, war mit der Armee Alexanders des Großen nach Indien marschiert, wo er angeblich bei den Gymnosophen (»nackten Weisen«) oder Yogis in die Lehre ging. Von diesen Weisen könnte Pyrrhon die Idee mitgebracht haben, dass das Ziel der Philosophie die *Ataraxie* sei, ein möglicherweise von ihm selbst als Erstem mit diesem Begriff bezeichneter Zustand der Seelenruhe. Nachdem er Glauben und Unglauben hinter sich gelassen hatte, konnte der skeptische Philosoph vor innerer Unruhe sicher sein.

Montaigne lernte viel vom Pyrrhonismus. Die Balken des Turms, in den er sich in seinen späteren Jahren zurückzog, ließ er mit Zitaten aus dem *Grundriss der pyrrhonischen Skepsis* des Pyrrhon-Anhängers, Arztes und Philosophen Sextus Empiricus (* ca. 160 v. u. Z.) schmücken, in denen die skeptische Weltanschauung zusammengefasst war:

> Das motivierende Prinzip der Skepsis nennen wir die Hoffnung auf Seelenruhe. Denn die geistig Höherstehenden unter den Menschen, beunruhigt durch

die Ungleichförmigkeit in den Dingen und ratlos, welchen von ihnen man eher zustimmen solle, gelangten dahin zu untersuchen, was wahr ist in den Dingen und was falsch, um durch die Entscheidung dieser Frage Ruhe zu finden.[8]

Montaigne bezweifelte aber, dass Philosophie, selbst eine pyrrhonische, den menschlichen Geist von der Unruhe befreien könne. In vielen seiner Essays – ein von Montaigne erfundener Begriff, der vom französischen Wort *essai* (»Versuch«) herrührt – argumentierte er mit dem Pyrrhonismus für den Glauben.

Pyrrhon zufolge kann nichts gewusst werden. In Montaignes Worten: »Die Pest des Menschen ist, dass er zu wissen wähnt.«[9] Pyrrhon lehrte seine Schüler, sich für ihr Leben nicht auf irgendein Argument oder Prinzip, sondern auf die Natur zu verlassen. Wenn aber die Vernunft machtlos ist, warum dann nicht die Mysterien der Religion akzeptieren?

Die drei wichtigsten Schulen der Philosophie in der europäischen Antike – der Stoizismus, der Epikureismus und der Skeptizismus – hatten allesamt das Ziel, ihren Adepten zu einem Zustand der Seelenruhe zu verhelfen. Philosophie war ein Beruhigungsmittel, das bei regelmäßiger Einnahme Ataraxie bewirken würde. Das Ziel des Philosophierens war innerer Frieden. Montaigne allerdings teilte diese Hoffnungen nicht: »In einem sind sich alle Philosophen aller Schulen einig: dass das höchste Gut in der Ruhe von Seele und Körper bestehe. Wo aber finden wir sie? [...] Uns gehört [...] nichts als Wind und Rauch.«[10]

Skeptischer als der radikalste Pyrrhonist, glaubte Montaigne nicht, dass Philosophieren die Unruhe des Menschen kurieren könne. Die Philosophie war vor allem nützlich, um die Menschen von der Philosophie zu kurieren. Wie Ludwig Wittgenstein (1889–1951) erkannte er, dass die Umgangssprache voller Rückstände vergangener metaphysischer Systeme ist.[11] Würden wir diese Spuren freilegen und erkennen, dass die von ihnen beschriebenen Wirklichkeiten im Grunde Fiktionen sind, könnten wir flexibler denken. Kleine Dosen eines solchen homöopathischen Mittels gegen die Philosophie – einer Antiphilosophie, könnte man sagen – bringen uns womöglich anderen Tieren näher. Wir könnten dann vielleicht etwas von Lebewesen lernen, die die meisten Philosophen als uns unterlegen abgetan haben.

Eine solche Antiphilosophie würde nicht mit Argumenten beginnen, sondern mit einer Geschichte.

—

MÈOS REISE

Die Katze betrat den Raum als Silhouette, als kleine schwarze Gestalt vor dem grellen Licht, das durch die offene Tür hereinfiel. Draußen tobte ein Krieg. Ort des Geschehens: die vietnamesische Stadt Hué im Februar 1968, zu Beginn der Tet-Offensive, der Operationen der nordvietnamesischen Armee gegen die amerikanischen Streitkräfte und ihre südvietnamesischen Verbündeten, die fünf Jahre später zum Abzug der Amerikaner aus dem Land führen sollten. In *The Cat from Hué*, einer der großartigsten Darstellungen der Erfahrung des Krieges, beschrieb der CBS-Fernsehjournalist John (Jack) Laurence die Stadt so:

Hué war Krieg in seiner grausamsten Form: in diesem Fall eine Schlägerei zwischen zwei bewaffneten, überwiegend aus Halbwüchsigen bestehenden Stämmen, die, beide neu in dem Gebiet, entschlossen waren, es zu erobern; ein Straßenkampf mit schnellen Aktionen und gnadenlosem Blutvergießen. Regeln gab es nicht. Leben wurden bedenkenlos genommen – einfach ausgelöscht. […] Am Ende vertrieb die gewalttätigere, stärkere Gang die andere und beanspruchte, was übrig geblieben war. Die Verlierer zogen sich mit ihren Verwundeten und Toten zurück, um an einem anderen Tag wieder zu kämpfen. Die Sieger bekamen die Ruinen. So war es in Hué.[12]

Als sie sich in den Raum schob, konnte man die dunkle Gestalt als kleinen Kater erkennen, etwa acht Wochen alt und zierlich genug, um in Laurence' Hand zu passen. Abgemagert und schmutzig, mit verfilztem und fettigem Fell, schnupperte er und nahm den Geruch des Proviants auf, den der amerikanische Journalist aus einer Dose löffelte. Laurence sprach den Kater auf Vietnamesisch an, erntete jedoch einen Blick des Erstaunens – das Tier schien ihn für geistesgestört zu halten. Er bot ihm etwas vom Inhalt der Dose aus Armeebeständen an, worauf der Kater sich vorsichtig näherte, aber nichts anrührte. Der Amerikaner ließ etwas übrig, ging weg und kehrte am nächsten Tag zurück. Der Kater erschien wieder in der Tür, musterte den Raum, lief auf den Journalisten zu und schnupperte an dessen ausgestreckter Hand. Eine Dose mit Scheiben von Rindfleisch war alles, was Laurence noch an Verpflegung hatte. Er öffnete sie und hielt dem Kater die Scheiben hin. Das Tier fraß gierig und schluckte die

Scheiben gekochten Fleisches, ohne sie zu kauen. Dann tränkte der Amerikaner ein Handtuch mit Wasser aus einer Feldflasche und ergriff den kleinen Kater bei den Schultern. Er rubbelte ihm den Schmutz und die Flöhe aus den Ohren, wusch ihm den Dreck aus dem Maul und rieb ihm Kinn und Schnurrhaare sauber, ohne dass das Tier sich wehrte. Als die Reinigung beendet war, leckte es sich das Gesicht und das Fell seiner Vorderbeine, näherte sich dem Amerikaner und leckte ihm den Handrücken.

Als irgendwann ein Jeep kam, um ihn nach Hause zu bringen, ließ Jack das Tier in seine Tasche gleiten, und es begann eine Gemeinschaft, die die beiden mit dem Hubschrauber von Hué nach Da Nang brachte, wo der Kater, der nun Mèo, ausgesprochen *mäi-oh*, hieß, im Pressezentrum lebte und täglich vier oder fünf herzhafte Mahlzeiten zu sich nahm. Auf dem Weg nach Da Nang zerfetzte Mèo den Stoff von Jacks Jacke, erkundete das Cockpit und kletterte an den Gurten des Piloten hoch. Als sie weiter nach Saigon flogen, reiste Mèo mit seiner Decke und seinen Spielsachen in einem Pappkarton, konnte sich also in der Maschine nicht frei bewegen und heulte die ganze Zeit. In Saigon waren sie in einem Hotel untergebracht, in dem das Tier gegen seinen erbitterten Widerstand gebadet wurde. Dabei stellte sich sein scheinbar schwarzes Fell als unfreiwillige Verkleidung heraus: Mèo entpuppte sich als Kreuzung, als rotgepunkteter Siamkater mit strahlend blauen Augen.

Im Hotel wurde Mèo regelmäßig gefüttert – vier Mahlzeiten am Tag mit Fischköpfen und übrig gebliebenem Reis aus der Küche –, außerdem unternahm er auf der Suche nach mehr Nahrung Ausflüge in andere Zimmer. Er sprang auf den Fenstersims des Hotelzimmers und lag dort stundenlang, vollkommen wach, aber fast reglos, während seine Augen den Menschen, Lichtern und Fahrzeugen unten folgten. Die amerikanischen Journalisten, die in den Krieg involviert waren, lernten diesen dadurch zu ertragen, dass sie sich mit Drogen zudröhnten, zusammen soffen und dann schlafen gingen – nur, um von Alpträumen wieder geweckt zu werden. Manchmal kehrten sie nach Hause zurück, um sich eine Auszeit zu nehmen, aber der Krieg ging mit ihnen und ließ nicht davon ab, ihren Schlaf zu stören. Und Mèo? Mèo »schien besser zu verstehen, was vor sich ging, als wir alle. [...] Das gab ihm seine Freiheit, selbst in der Gefangenschaft. Wenn er am offenen Fenster saß, [...] umgeben von einem feinen Dunst aus Zigarettenrauch, waren seine Augen so tief und blau und numinos wie das Südchinesische Meer.«[13]

Er schlief in einem Bunker, den er sich gebaut hatte: einem Pappkarton, in den er in einwöchiger Arbeit ein Loch gebissen hatte, gerade groß genug, dass er sich hindurchzwängen konnte. Er herrschte über das runde Dutzend verwilderter Katzen auf dem Hotelgelände, die gelernt hatten, ihm aus dem Weg zu gehen, und nutzte den Garten und die Zimmer als Jagdrevier, in dem er Eidechsen, Tauben, Insekten und Schlangen fing und verspeiste – womöglich sogar einen Pfau, der auf mysteriöse Weise verschwand. Nun, da seine Zähne so scharf waren wie Dolche, war er »der kleine weiße Jäger, ein geborener Killer, ein lauernder Hinterhalt«.[14] Von den vietnamesischen Hotelangestellten abgesehen, die kamen, um ihn zu füttern, war er jedem feind, der das Zimmer betrat – insbesondere wenn es ein Amerikaner war. »Er schien einen Groll gegen die Menschheit zu hegen. [...] Zurückgezogen und isoliert, feindselig gegenüber jedermann außer den Vietnamesen, war er ein wildes, bösartiges Tier, eine einzigartig verschlossene und undurchschaubare Katze.«[15]

Er hatte keine Angst und wurde nie erwischt, wenn er andere Zimmer betrat. Jack sah in ihm schließlich die Reinkarnation von Sunzi, dem Autor von *Die Kunst des Krieges*: »Intelligent, kühn, gerissen, wild […] eine Vietcong-Version des chinesischen Krieger-Philosophen im Körper einer Katze. […] Als halbwüchsiger Kater war er zäh, unabhängig, jähzornig, soldatisch und gelassen. Ein Zen-Krieger in weißem Fell. […] Rücksichtslosigkeit war Teil seines Charmes. […] Er lief auf dem Außensims des Hotels entlang, griff größere Tiere an, stellte mit böser Hinterlist Fallen auf, riskierte sein Leben mit der lässigen Unbekümmertheit derer, die sich unbesiegbar glauben. […] Er war nie nervös und verschwendete nie Energie. Seine Bewegungen waren fließend und unergründlich.«[16]

Als er Mèo adoptierte, hatte Jack das Gefühl, das Leben in einer Situation zu bejahen, in der es in großem Umfang vernichtet wurde:

Indem ich dem Kater Futter und Unterkunft bot, bejahte ich inmitten des Gemetzels ein Leben, mochte es auch klein und unbedeutend sein. Aber ich tat das nicht bewusst. Ich war jung und dachte nicht über meine Beweggründe nach. Es schien einfach richtig zu sein. Obwohl wir, Mèo und ich, uns gegenseitig als Feinde empfanden, waren wir auf eine merkwürdige Art und Weise voneinander abhängig geworden – einfach dadurch, dass wir da waren und füreinander Sicherheit in der Not bedeuteten. Wenn ich nach einer Fahrt ins Einsatzgebiet ins Zimmer zu-

rückkam und hörte, wie er sich in seinem Bunker bewegte, Wasser aus dem Wasserhahn im Badezimmer
trank oder etwas vom Schreibtisch herunterstieß,
fühlte es sich an, als käme ich nach Hause, würde da-
zugehören, könnte mich sicher fühlen. Grundlose
Angriffe auf mich wurden seltener und ließen an Hef-
tigkeit nach; sie waren jetzt eher ein Ritual. Dass wir
Hué gemeinsam überstanden hatten, musste ein
Band geknüpft haben. Mich um ihn kümmern zu
müssen bedeutete, dass ich eine weitere, wenn auch
kleine Aufgabe hatte; mein Leben bestand nicht mehr
nur darin, von Elend zu berichten.[17]

Als Jack im Mai 1968 heimkehrte, sorgte er dafür, dass Mèo
ihm mit einem späteren Flug folgte. Wäre Mèo in Saigon geblieben, hätte er sehr wahrscheinlich das Schicksal der zahl-
losen Tiere geteilt, die Opfer des Krieges wurden – der unbe-
kannten Zahl von Hunden, Affen, Wasserbüffeln, Elefanten,
Tigern und anderen Katzen, die im Laufe des Konflikts ihr
Leben ließen. Sollte der Vietcong eine weitere Offensive star-
ten, würde die Nahrung knapp werden, und Mèo könnte
dann durchaus in einem Kochtopf landen, hatte Jack gedacht.
Also hatte er ihn in den Zoo von Saigon gebracht, der fast
leer war, da einige Tiere während der Tet-Offensive verhun-
gert waren und nur noch wenige Besucher kamen, und Mèo
hatte die erforderlichen Impfungen erhalten. Ein paar Tage
später hatte Mèo, kreischend und kratzend, im Frachtraum
des Flugzeugs die 36-stündige Reise nach New York absol-
viert. Als Jack ihn abholte und in seinen Wagen setzte, sprang
das Tier auf das Armaturenbrett, kletterte auf Jacks Schulter, schnüffelte überall und beobachtete den Verkehr. Im

Haus von Jacks Mutter in Connecticut angekommen, fraß Mèo eine ganze Dose amerikanischen Thunfisch leer.

Mèo lebte sich gut in seinem neuen Zuhause ein. Er verscheuchte andere Katzen, griff fremde Erwachsene an und ging auf die Jagd, war aber ganz harmlos, wenn Kinder mit ihm spielten. Umgekehrt stellte sich der Haushalt auf ihn ein: Da Mèo vor dem Geräusch des Staubsaugers Angst hatte, das ihn vielleicht an einen Panzer oder ein Flugzeug erinnerte, wurde der Staubsauger nur benutzt, wenn das Tier nicht in der Nähe war. Allerdings kündigte die Haushälterin, nachdem sich Mèo auf sie gestürzt hatte. Dann war er plötzlich verschwunden, und Jacks Mutter musste tagelang suchen, ehe sie ihn in einer Kiste in der Garage entdeckte; er hatte dort nach einem schweren Verkehrsunfall Zuflucht gesucht.

Der Tierarzt hatte nicht viel Hoffnung. Mèos Schulter war zertrümmert, so dass sie in der Tierklinik für viel Geld operiert werden musste. Aber nach sechs Wochen kehrte Mèo zu Jacks Mutter zurück, wo er seine Lieblingsplätze inspizierte und sein Leben mit Baumklettern, Schlafen in der Sonne und Jagen wieder aufnahm. Seine Genesung schritt voran, bis er aufgrund einer Lungenentzündung, die sich durch heftiges Niesen und Appetitlosigkeit angekündigt hatte, für weitere drei Wochen ins Krankenhaus musste. Verbotene Leckereien wurden eingeschmuggelt, und das Personal machte viel Aufhebens um ihn. Er wurde wieder völlig gesund, behielt aber für den Rest seines Lebens die Angewohnheit, zu niesen, zurück.

Nachdem Mèo genesen war, holte Jack ihn zu sich nach Manhattan, in das Ein-Zimmer-Appartment in einem alten Brownstone-Haus, in dem er mit seiner Partnerin Joy wohnte.

1970 kehrte Jack für einen Monat nach Vietnam zurück, und Mèo schien ihn zu vermissen. Doch als er zurückkam, schenkte Mèo ihm keine Beachtung. Er beschnupperte Jacks Gepäck, als erinnerte es ihn an etwas, ignorierte aber ein Spielzeug, das Jack ihm aus Saigon mitgebracht hatte, zog sich in seinen Bunker zurück und verbrachte dort den Rest des Nachmittags. Als Jack sich jedoch am Abend hinlegte, um zu schlafen, kletterte Mèo, wie Jack später von Joy erfuhr, auf das Bett, setzte sich in die Nähe seines Kopfes und verbrachte Stunden damit, sein Gesicht zu betrachten.

Jack erinnerte sich mit Erregung und Schrecken an seine Zeit in Vietnam. Seine Alpträume betäubte er mit Drogen und Alkohol. Anfang der 1970er Jahre wurde New York gefährlich, und Jack hatte zeitweise das Gefühl, sich wieder in einem Kampfgebiet zu befinden. Daher bewarb er sich, als ein Job in London frei wurde. Mèo ging mit nach London, wo Jack und Joy zwei Töchter bekamen. Er musste sechs Monate in Quarantäne verbringen – eine Prüfung, die er nie vergaß und verzieh, obwohl Jack und Joy ihn regelmäßig besuchten. Als er wieder bei ihnen lebte, war er wilder als zuvor und tobte in ihrer Wohnung herum. Wenn er schlief, wurde er manchmal steif und zitterte, »als ob er mit Geistern ringen würde«.[18]

Doch nach einiger Zeit hatte Mèo sich eingewöhnt und führte bei Jack und Joy und den beiden kleinen Kindern ein Leben in Komfort und Sicherheit. Eine der Töchter, Jessica, verwöhnte ihn zwischen den Mahlzeiten mit Leckereien, und Mèo schlief nachts bei ihr. Mittlerweile behandelte er Jack wie einen alten Freund und leckte ihm spät in der Nacht Whiskytropfen von den Fingern. Mèo lebte noch bis 1983, als sich eine zweite Lungenentzündung als tödlich erwies.

Jack meinte, er hätte wohl ein wärmeres Klima vorgezogen; das englische Wetter habe ihm zu schaffen gemacht.

Von Mèo behielt er vor allem in Erinnerung, wie er,

> allein in der Nacht, durch den hinteren Bereich der Wohnung streifte und einen Laut von sich gab, der anders war als alle, die er sonst machte, anders als alles, was ich je von ihm oder einem anderen Tier gehört hatte. Es schien der Ruf eines Tieres zu sein, das der Wildnis, seinem Zuhause oder seiner Familie entrissen worden war. Es war ein Jammern, ein langes, kräftiges Heulen, kein Schrei oder Miauen oder gewöhnliches Katzenweinen, sondern ein Ruf aus der tiefsten Tiefe seiner Seele, gleichsam das Jammern des Waldes. Mèo rief so immer nur, wenn es ruhig war im Haus, das heißt normalerweise, wenn alle schliefen und wenn er glaubte, allein zu sein. Es war ein Ruf, der sich an niemanden richtete als an ihn selbst.[19]

Während Mèo seine furchtlose Reise durch die Welt machte, setzte die Menschheit ihre Irrfahrt fort. Kurz nachdem er Vietnam verlassen hatte, wurde die alte, schöne Stadt Hué dem Erdboden gleichgemacht, was ein ungenannter amerikanischer Major einem Journalisten gegenüber mit den Worten kommentierte: »Es wurde notwendig, die Stadt zu zerstören, um sie zu retten.« Im sogenannten »Massaker von Hué« töteten nordvietnamesische Soldaten Tausende Einwohner (die genaue Zahl ist unbekannt). Die Amerikaner setzten das Entlaubungsmittel Agent Orange ein, das die Wälder – den Lebensraum zahlloser Tierarten – vernichtete und bei Menschen genetische Defekte verursachte. Mehr als

58 000 US-Soldaten starben in dem Krieg. Etwa zwei Millionen vietnamesische Zivilisten wurden getötet. Ungezählte weitere wurden traumatisiert, verletzt und für den Rest ihres Lebens zu Invaliden.

Im Rauch und Wind der Geschichte lebte Mèo sein wildes, freudvolles Leben. Obwohl durch menschlichen Wahnsinn aus seiner Heimat gerissen, blühte er auf, wo immer er sich befand.

Jack schrieb:

> Ich glaube, wir hatten gelernt, den Überlebenskünstler im jeweils anderen zu respektieren. Zweifellos hatte er die begrenzte Anzahl der ihm beschiedenen Leben längst aufgebraucht, so dass jeder neue Tag, den er lebte, ein Bonus war. Außerdem schien er weise zu sein, denn er wusste es. Wir waren Freunde geworden. Unsere lange, zornige, liebevolle Beziehung symbolisierte in gewisser Weise das Band zwischen unseren Ländern, die vom Blut des jeweils anderen getränkt und in einer unauflöslichen Umarmung von Leben, Leiden und Tod gefangen waren.[20]

—

WIE DIE KATZEN DIE MENSCHEN DOMESTIZIERTEN

Katzen wurden nie von Menschen domestiziert. Eine kleine robuste, gestromte Katzenart – *Felis silvestris* – hat sich weltweit verbreitet, weil sie lernte, mit Menschen zu leben. Die heutigen Hauskatzen stammen von einem Zweig dieser Art ab, *Felis silvestris lybica*, der vor etwa 12 000 Jahren in Gebieten des Nahen Ostens, die seit Langem Teil der heutigen Türkei, des Iraks und Israels sind, mit Menschen zusammenzuleben begann. Indem sie dort in Dörfer eindrangen, konnten die Katzen den Übergang der Menschen zu einer sesshafteren Lebensweise zu ihrem Vorteil nutzen. Sie erbeuteten von gelagerten Samen und Körnern angelockte Nager und andere Tiere, schnappten sich Abfälle von Fleisch, die nach dem Verzehr geschlachteter Tiere zurückgeblieben waren, und verwandelten menschliche Siedlungen so in zuverlässige Nahrungsquellen.

Belege aus jüngster Zeit deuten darauf hin, dass unabhängig davon vor etwa 5000 Jahren eine zentralasiatische Abart von *Felis silvestris* in China eine ähnliche Strategie verfolgte. Nachdem sich die Katzen in die Nähe von Menschen begeben hatten, dauerte es nicht lange, bis sie von diesen als nützlich akzeptiert und auf Bauernhöfen und Segelschiffen zur Schädlingsbekämpfung eingesetzt wurden. Und als Rattenfänger, blinde Passagiere oder zufällig Mitreisende gelangten Katzen auf dem Schiffsweg in Teile der Welt, in denen es sie zuvor nicht gegeben hatte. In vielen Ländern sind sie als Mitbewohner menschlicher Haushalte heute zahlreicher als Hunde und alle anderen Tierarten.[21]

Eingeleitet haben diesen Prozess der Haustierwerdung die Katzen selbst, und zwar zu ihren Bedingungen: Im Unterschied zu anderen Arten, die in frühen menschlichen Siedlungen auf Nahrungssuche waren, leben sie seither auf engem Raum mit Menschen zusammen, ohne dass sich ihr Wesen sonderlich verändert hätte. Das Genom der Hauskatze unterscheidet sich von dem ihrer wilden Verwandten nur in wenigen Punkten: Ihre Beine sind etwas kürzer, und ihr Fell ist vielfältiger gefärbt. Dennoch hat Abigail Tucker festgestellt: »Katzen haben sich während ihrer Zeit unter Menschen physisch so wenig verändert, dass Experten selbst heutzutage oft getigerte Hauskatzen nicht von Wildkatzen unterscheiden können. Das verkompliziert die Erforschung der Katzendomestizierung sehr. Anhand urzeitlicher Fossilien, an denen kaum Unterschiede zum heutigen Knochenbau festzustellen sind, den genauen Zeitpunkt festzulegen, ab dem Katzen am Leben der Menschen teilgenommen haben, ist einfach unmöglich.«[22]

Werden sie nicht ausschließlich drinnen gehalten, unterscheidet sich das Verhalten der Hauskatzen nicht wesentlich von dem der Wildkatzen. Die Katze kann zwar mehr als nur ein Haus als ihr Zuhause betrachten, doch ist das Haus auf jeden Fall der feste Ort, wo sie frisst, schläft und ihre Jungen bekommt. Es gibt klar abgegrenzte Territorien, die bei männlichen Katzen größer sind als bei weiblichen und nötigenfalls gegen andere Katzen verteidigt werden. Obwohl die Gehirne von Hauskatzen kleiner sind als die ihrer wilden Artgenossen, sind Hauskatzen nicht weniger intelligent oder anpassungsfähig. Da jener Teil des Gehirns, in dem die Kampf-oder-Flucht-Reaktion ausgelöst wird, geschrumpft ist, sind Hauskatzen in der Lage, Situationen zu tolerieren, die in der Wildnis Stress verursachen würden, wie etwa die Begegnung mit Menschen und fremden Katzen.

Ein Grund, warum Katzen von Menschen akzeptiert wurden, war ihr Nutzen bei der Reduzierung von Nagetierpopulationen. Katzen fressen Nagetiere und haben schon vor Jahrtausenden Mäuse gefressen, die die Getreidevorräte der Menschen dezimiert hatten. Doch in vielen Umgebungen sind Katzen und Nagetiere keine natürlichen Feinde; oft teilen sie sich sogar eine gemeinsame Ressource wie etwa Küchenabfälle. Als Mittel zur Schädlingsbekämpfung sind Katzen auch nicht besonders effizient – möglich, dass Hausmäuse sich evolutionär gemeinsam mit Hauskatzen weiterentwickelt und gelernt haben, mit diesen zu koexistieren. Es gibt Fotos, auf denen Katzen zu sehen sind, die an den nur Zentimeter von ihnen entfernten Mäusen keinerlei Interesse zeigen.[23]

Ein gewichtigerer Grund, warum Menschen Katzen in ihren Häusern akzeptierten, ist, dass die Katzen die Menschen lehrten, sie zu lieben. Das ist die wahre Basis der Haustierwerdung von Katzen. Katzen sind so betörend, dass oft geglaubt wurde, sie seien nicht von dieser Welt. Und Menschen brauchen noch etwas anderes als nur die menschliche Welt, um nicht verrückt zu werden. Der Animismus, die älteste und universalste Religion, befriedigte dieses Bedürfnis, indem er nichtmenschliche Tiere als uns spirituell ebenbürtig, ja überlegen anerkannte. Durch Anbetung dieser anderen Geschöpfe waren unsere Vorfahren in der Lage, mit einem Leben jenseits ihres eigenen zu interagieren.

Seit sie die Menschen domestiziert haben, sind Katzen nicht mehr darauf angewiesen, für ihre Ernährung auf die Jagd zu gehen. Doch Katzen sind von Natur aus Jäger, und wenn sie von Menschen keine Nahrung erhalten, kehren sie rasch wieder zu einem Leben als Jäger zurück. Elizabeth Marshall Thomas schreibt in ihrem Buch *Das geheime Leben der Katzen:* »Bei der Geschichte der Katzen geht es in der Hauptsache um Fleisch.«[24] Ob groß oder klein, Katzen sind Hyper-Karnivoren: In freier Wildbahn fressen sie nur Fleisch. Daher sind Großkatzen heute so gefährdet.

Das Wachstum der Weltbevölkerung führt dazu, dass sich die Siedlungen der Menschen ausdehnen und dass die natürlichen Areale schrumpfen. Katzen sind zwar überaus anpassungsfähige Geschöpfe, die im Dschungel wie auch in der Wüste, im Gebirge wie auch in der offenen Savanne leben können. Aus evolutionärer Sicht waren sie extrem erfolgreich. Sie sind aber auch extrem gefährdet. Wenn ihre Lebensräume und Nahrungsquellen bedroht sind, werden sie zu Konflikten mit Menschen gezwungen, die sie nur verlieren können.

Beutetiere zu jagen und zu töten ist Katzen angeboren, und wenn Kätzchen spielen, spielen sie im Grunde Jagen. Katzen brauchen Fleisch zum Leben. Sie können lebenswichtige Fettsäuren nur verdauen, wenn diese im Fleisch anderer Tiere enthalten sind. Das fleischlose Leben des moralisierenden Philosophen wäre für Katzen der Tod.

Wie Katzen jagen, sagt viel über sie aus. Abgesehen von Löwen, die in Rudeln jagen, jagen Katzen allein, indem sie – oft bei Nacht – sich an ihre Beute heranpirschen und ihr auflauern. Als Beutegreifer aus dem Hinterhalt haben Katzen in der Evolution die Fähigkeit entwickelt, bei der Verfolgung kleinerer Beutetiere flink und gewandt zu springen und zuzuschlagen. Wölfe dagegen, die evolutionären Vorfahren der Hunde, jagen größere Beute in Rudeln, die durch Beziehungen von Dominanz und Unterordnung zusammengehalten werden. Männchen und Weibchen bleiben mitunter ein Leben lang zusammen, und auch die männlichen Tiere kümmern sich um die Nachkommen. Keines dieser Verhaltensmerkmale von Wölfen findet sich bei Katzen. Wie Katzen sich zueinander verhalten, ergibt sich aus ihrem Wesen als Einzeljäger.

Nicht, dass Katzen immer allein wären. Wie könnten sie auch? Sie kommen zusammen, um sich zu paaren, sie werden in Familien hineingeboren, und wo es verlässliche Nahrungsquellen gibt, können sie Kolonien bilden. Leben mehrere Katzen im selben Gebiet, kann eine zur dominanten Katze werden. Katzen können heftig um Territorien und Partner konkurrieren. Aber es gibt keine festen Hierarchien, wie sie die Interaktionen sowohl zwischen Menschen als auch zwischen ihren nahen evolutionären Verwandten prägen. Anders als Schimpansen und Gorillas bringen Katzen keine Alphatiere oder Anführer hervor. Wenn nötig, kooperieren sie, um ihre Bedürfnisse zu befriedigen, aber sie gehen nicht in einer sozialen Gruppe auf. Es gibt keine Katzenrudel, -herden oder -gemeinden.

Dass Katzen keine Anführer anerkennen, mag ein Grund dafür sein, dass sie sich Menschen nicht unterordnen. Weder gehorchen sie den Menschen, mit denen so viele von ihnen inzwischen zusammenleben, noch huldigen sie ihnen. Auch wenn sie auf uns angewiesen sind, bleiben sie unabhängig. Wenn sie Zuneigung zeigen, ist es keine bloße Schmeichelei. Wenn sie unsere Gesellschaft nicht genießen, gehen sie. Wenn sie bleiben, dann deshalb, weil sie mit uns zusammen sein wollen. Auch das ist ein Grund, warum viele Menschen sie so schätzen.

Aber nicht jeder liebt Katzen. Vor Kurzem hat man sie als »Umweltschadstoff […] vergleichbar mit DDT« verteufelt,[25] da sie Krankheiten wie Tollwut und Toxoplasmose oder die für die Pest verantwortlichen Erreger verbreiten würden. Vogelkot ist eine größere Gefahr für die menschliche Gesundheit, aber eine der häufigsten Klagen lautet, Katzen würden so viele Vögel töten. Überhaupt zerstörten sie damit angeblich das Gleichgewicht der Natur. Doch lässt sich die Feindseligkeit gegenüber Katzen kaum mit der

Gefahr erklären, die sie womöglich für die Umwelt darstellen.

Der Gefahr von Krankheiten, die von Katzen übertragen werden, kann durch Programme wie »Trap-neuter-return« (»Fangen-sterilisieren-freilassen«) entgegengewirkt werden, die in den USA weit verbreitet sind. Dabei werden Katzen ohne Besitzer zur Impfung und Kastration in Kliniken gebracht und nach vollbrachter Tat wieder laufen gelassen. Die Gefahr für Vögel kann durch Halsglöckchen und ähnliche Vorrichtungen vermindert werden. Vor allem aber ist es seltsam, einen Zweig einer nichtmenschlichen Spezies als Zerstörer der ökologischen Vielfalt hinzustellen, während der Hauptschuldige in dieser Hinsicht das Menschentier selbst ist. Mit ihrer überragenden Effizienz als Jäger mögen Katzen das Ökosystem in manchen Teilen der Welt verändert haben. Doch es ist der Mensch, der für das derzeitige Massenaussterben auf diesem Planeten verantwortlich ist.

Feindseligkeit gegenüber Katzen ist nicht neu. Im Frankreich der frühen Neuzeit erwuchs aus ihr ein Volkskult. Schon lange hatte man Katzen mit dem Teufel und dem Okkulten in Verbindung gebracht. Religiöse Feste fanden ihren krönenden Abschluss oft darin, dass eine Katze in einem Freudenfeuer verbrannt oder von einem Dach geworfen wurde. Wie zur Demonstration der menschlichen Kreativität wurden Katzen manchmal über ein Feuer gehängt und bei lebendigem Leib geröstet. In Paris war es Brauch, einen an einem hohen Mast hängenden Korb oder Sack mit lebenden Katzen zu verbrennen. Und beim Hausbau wurden Katzen lebendig unter den Bodendielen begraben, weil man glaubte, das werde den Bewohnern Glück bringen.[26]

Am Neujahrstag 1638 wurde in der Kathedrale von Ely

in der Grafschaft Cambridgeshire in Anwesenheit einer großen, ausgelassenen Menge eine Katze lebendig am Spieß geröstet. Einige Jahre später setzten Soldaten des Parlaments, die im englischen Bürgerkrieg gegen die royalistischen Truppen kämpften, Hunde ein, um Katzen in der Kathedrale von Lichfield zu jagen. Bei den Papstverbrennungsprozessionen während der Regentschaft von Charles II. wurden lebende Katzen in die zu verbrennenden Papstbildnisse gestopft – ihre Schreie sollten für einen dramatischen Effekt sorgen. Und auf ländlichen Jahrmärkten war das Schießen auf Katzen, die man in Körben aufgehängt hatte, ein beliebter Sport.[27]

Für ein lebhafteres Spektakel sorgten in einigen französischen Städten Katzenjäger, indem sie Katzen anzündeten und die flüchtenden Tiere durch die Straßen verfolgten. Bei anderen Vergnügungen wurden Katzen herumgereicht, damit sich jeder daran beteiligen konnte, ihnen das Fell abzuziehen. In Deutschland bezeichnete man das Heulen von Katzen, die bei ähnlichen Festen gequält wurden, als »Katzenmusik«. Viele Faschingsfeste endeten mit einem Scheinprozess, bei dem Katzen halb erschlagen und dann gehenkt wurden – ein Spektakel, das rasendes Gelächter hervorrief. Oft wurden Katzen verstümmelt oder getötet, weil sie angeblich verbotene sexuelle Lüste verkörperten; seit dem Apostel Paulus betrachteten Christen Sex ja als destruktive, ja gar dämonische Macht. Dass Katzen frei von menschlichen Moralvorstellungen sind, mag im mittelalterlichen Denken mit dem Aufbegehren unter anderem von Frauen gegen religiöse Sexualverbote in Verbindung gebracht worden sein. Vor dem Hintergrund eines derartigen Theismus war es fast unvermeidlich, dass man Katzen für Verkörperungen des Bösen hielt. In weiten Teilen Europas wurden sie mit Hexerei assoziiert und daher zusammen mit oder anstelle von Hexen gequält und verbrannt.[28]

Die Gepflogenheit, Katzen zu quälen, endete nicht mit dem Hexenwahn. Der italienische Neurologe Paolo Mantegazza (1831–1910), Professor am Istituto di Studi Superiori in Florenz, Gründer der Società Italiana di Antropologia e Etnologia und später fortschrittliches Mitglied des italienischen Senats, war bekennender Darwinist und glaubte als solcher, die Menschen hätten sich evolutionär zu einer Rassenhierarchie entwickelt, mit »Ariern« an der Spitze und »Negriden« am unteren Ende. Der angesehene Professor erfand eine von ihm jovial als »Peiniger« bezeichnete Maschine, in der Katzen, die er zuvor »mit langen, dünnen Nägeln gesteppt« hatte, so dass ihnen jede Bewegung zur Qual wurde, gehäutet und zerfleischt und ihre Glieder verdreht und gebrochen wurden, bis der Tod die armen Tiere endlich erlöste. Ziel der Übung war es, die Physiologie des Schmerzes zu untersuchen. Wie Descartes, der sich weigerte, das theistische Dogma aufzugeben, wonach Tiere keine Seele hätten, glaubte der bedeutende Neurologe, dass das Foltern von Tieren durch das Streben nach Wissen gerechtfertigt sei. Die Wissenschaft perfektionierte also die Grausamkeiten der Religion.[29]

Der Hass auf Katzen ist vielleicht im Grunde ein Ausdruck von Neid. Viele Menschen führen ein Leben in dumpfem Elend. Andere Lebewesen zu quälen ist für sie eine Erleichterung, da es diesen schlimmeres Leid zufügt. Und Katzen zu quälen ist besonders befriedigend, da sie so zufrieden in sich selbst ruhen. Hass auf Katzen ist sehr oft Selbsthass von zutiefst unglücklichen Menschen, umgelenkt auf

Geschöpfe, von denen jene wissen, dass sie *nicht* unglücklich sind.

Während Katzen leben, indem sie ihrer Natur gehorchen, leben Menschen, indem sie die ihre unterdrücken. Paradoxerweise ist das ihre Natur. Es ist auch der immerwährende Charme der Barbarei. Für viele Menschen ist Zivilisation gleich Eingeengtsein. Beherrscht von Angst, sexuell ausgehungert und voller Wut, die sie nicht auszudrücken wagen, macht es solche Menschen unweigerlich verrückt, ein Geschöpf zu sehen, das lebt, indem es sich selbst bejaht. Tiere zu quälen lenkt sie von dem trostlosen Elend ab, in dem sie durch ihre Tage kriechen. Die mittelalterlichen Faschingsfeste, bei denen Katzen gequält und verbrannt wurden, waren Feste von Deprimierten.

Katzen werden wegen ihrer scheinbaren Gleichgültigkeit gegenüber denen, die sich ihrer annehmen, geschmäht. Wir geben ihnen Nahrung und Unterkunft, doch sie betrachten uns nicht als ihre Besitzer oder Herren und geben uns außer ihrer Gesellschaft nichts zurück. Wenn wir sie mit Respekt behandeln, wächst ihre Zuneigung zu uns, aber sie werden uns nicht vermissen, wenn wir nicht mehr da sind. Und ohne unsere Unterstützung verwildern sie rasch wieder. Obwohl sie sich anscheinend wenig Sorgen um die Zukunft machen, werden sie uns als Gattung vermutlich überleben. Nachdem sie sich dank der Schiffe, mit denen die Menschen ihren Einflussbereich erweiterten, auf dem ganzen Planeten verbreitet haben, sieht es so aus, als würden die Katzen noch lange nach dem spurlosen Verschwinden der Menschen und all ihrer Werke da sein.

2

—

WARUM KATZEN KEINE MÜHE HABEN, GLÜCKLICH ZU SEIN

Wenn Menschen sagen, ihr Lebensziel sei es, glücklich zu sein, geben sie zu verstehen, dass sie unglücklich sind. Da sie Glücklichsein als Projekt betrachten, können sie es nur in der Zukunft verwirklichen. Die Gegenwart entgleitet ihnen, und Angst schleicht sich ein. Sie fürchten, ihr Fortschreiten auf dem Weg zu dem künftigen Zustand könne durch Ereignisse gestört werden. Also wenden sie sich der Philosophie und heutzutage der Therapie zu, die ihnen Linderung ihres Unbehagens versprechen.

Indem sie sich als Heilmethode geriert, ist Philosophie ein Symptom der Störung, die sie zu beheben vorgibt. Andere Tiere haben es nicht nötig, sich von ihrer Befindlichkeit abzulenken. Während Glück bei Menschen ein künstlicher Zustand ist, ist es bei Katzen die Verfassung, die ihrer Natur entspricht. Solange sie nicht in Umgebungen eingesperrt sind, die für sie unnatürlich sind, langweilen sich Katzen nie. Langeweile ist die Angst, mit sich selbst allein zu sein. Katzen sind glücklich, dass sie sie selbst sind, während Menschen versuchen, glücklich zu werden, indem sie sich selbst entfliehen.

Hierin liegt der größte Unterschied zwischen Katzen und Menschen. Sigmund Freud, der Begründer der Psychoanalyse, erkannte, dass eine unheimliche Form von Unglück bei Menschen normal ist. Warum sie das ist, hat Freud nie gesagt, und er hat auch nicht geglaubt, dass die Psychoanalyse sie erfolgreich behandeln könne. Heute gibt es zahllose Techniken, die Befreiung von ihr versprechen. Diese Therapien mögen Menschen befähigen, mit anderen Menschen besser zurechtzukommen, sie können sie aber nicht von der Unruhe befreien, die Teil des Menschseins ist. Das ist der Grund, weshalb so viele Menschen gern mit Katzen zusammen sind. Katzenliebhabern wird oft Anthropomorphismus vorgeworfen – sie würden Katzen menschliche Gefühle zuschreiben, obwohl sie sie nicht haben. Doch Katzenliebhaber lieben Katzen nicht, weil sie sich in ihnen wiedererkennen. Sie lieben Katzen, weil Katzen so anders sind als sie selbst.

Im Unterschied zu Hunden sind Katzen nicht teilweise menschlich geworden. Sie interagieren zwar mit uns und mögen uns auf ihre Weise lieben lernen, aber im tiefsten Innern ihres Wesens sind sie anders als wir. Nachdem sie Eingang in unsere Welt gefunden haben, ermöglichen sie uns, über diese hinauszublicken. Nicht länger in unserem Denken gefangen, können wir von ihnen erfahren, warum unser nervöses Streben nach Glück erfolglos bleiben muss.

WENN PHILOSOPHEN VON GLÜCK SPRECHEN

Philosophie war selten ergebnisoffenes Fragen. Im Mittelalter war sie »Magd der Theologie«. Heute ist sie die Praxis, die Vorurteile bürgerlicher Akademiker zu analysieren. In ihren frühesten Formen wollte sie Gelassenheit lehren.

Die Epikureer in der Antike etwa glaubten, sie könnten glücklich werden, indem sie ihre Begierden zügelten. Wenn heute jemand als Epikureer bezeichnet wird, stellen wir uns eine Person vor, die sich an gutem Essen, gutem Wein und den anderen Genüssen des Lebens erfreut. Doch die ursprünglichen Epikureer waren Asketen, die sich bemühten, ihre Genüsse auf ein Minimum zu beschränken. Sie ernährten sich frugal von Brot, Käse und Oliven. Gegen Sex hatten sie nichts, sofern er medizinisch, als Mittel gegen Frustration, angewandt wurde. Mit Verliebtheit oder dem, was wir heute romantische Liebe nennen würden, durfte er nicht vermischt werden, weil das nur den Seelenfrieden störte. Aus demselben Grund lehnten sie jede Form von Ehrgeiz oder politischem Engagement ab. Der Rückzug in die ruhige Abgeschiedenheit eines gepflegten Gartens sollte sie vor Schmerz und Angst bewahren und es ihnen ermöglichen, den Gemütszustand der *Ataraxie* zu erreichen.

Es gibt Parallelen zwischen Epikur und Buddha: Beide versprechen Erlösung vom Leiden durch Verzicht auf das Begehren. Doch Buddha ist realistischer, da er einräumt, dass dies nur dann vollständig erreicht werden könne, wenn man das Karussell von Geburt und Tod verlasse – mit anderen Worten, wenn man aufhöre, als eigenständiges Individuum zu existieren. Erleuchtete Menschen könnten zwar während ihres Lebens einen Zustand der Glückseligkeit erfahren; vom Leiden aber könnten sie nur dann befreit werden, wenn sie nicht mehr wiedergeboren würden.

Akzeptiert man den Mythos von der Reinkarnation, mag diese Geschichte einen gewissen Reiz haben. Die epikureische Vorstellung ernst zu nehmen ist schwieriger. Für Epikur und seine Schüler ist das Universum ein Chaos von Atomen, die in einem leeren Raum schweben. Wenn Götter existieren, sind wir ihnen gleichgültig. Aufgabe der Menschen ist es, die Quellen von Leid in sich zu beseitigen. Bis hierher ähnelt das sehr dem Buddhismus. Der Unterschied ist, dass Epikur Erlösung nur von Leiden versprechen kann, die aus falschen Überzeugungen und unmäßigen Wünschen herrühren. Auch könne man den Tod mit Einverständnis begrüßen, wie Epikur selbst es tat, der während der Krankheit, der er schließlich erlag, heiter blieb und weiter lehrte. Unklar ist jedoch, was Epikur heute denjenigen zu sagen hat, die permanent unter Hunger oder Überarbeitung, Verfolgung oder Armut leiden.

Epikureische Abgeschiedenheit kann nur genießen, wer in einer Zeit und an einem Ort lebt, die solchen Luxus erlauben, und wer das Glück hat, ihn sich leisten zu können. Für die meisten Menschen war dies nie der Fall und wird es auch nie sein. Wo es solche Rückzugsorte gab, waren sie Zuflucht für wenige, und in Zeiten von Krieg und Revolution wurden sie zerstört. Ein schwererwiegendes Defizit der epikureischen Philosophie ist die spirituelle Armut des Lebens, das sie empfiehlt. Diese Philosophie hegt eine neurasthenische Vorstellung von Glück. Wie in einem Sanatorium für Rekonvaleszenten ist nur erholsame Stille, kein Lärm erlaubt.

Aber dann ist das Leben erstarrt, und viel von seiner Freude ist dahin.

Der spanisch-amerikanische Philosoph George Santayana hat diese Armut erfasst, als er sich mit dem römischen Dichter und Philosophen Lukrez auseinandersetzte, der Epikurs Sichtweise in seinem Lehrgedicht *Über die Natur der Dinge* dargestellt hatte:

> Lukrez' Vorstellung von dem, was erstrebenswert und erreichbar ist, ist überaus dürftig: Freiheit von Aberglauben, mit so viel Naturwissenschaft, wie nötig ist, um diese Freiheit zu sichern, Freundschaft und einige billige und gesunde tierische Genüsse. Keine Liebe, kein Patriotismus, kein Unternehmungsgeist, keine Religion.[1]

Die Epikureer wollten Gelassenheit dadurch erlangen, dass sie die Güter des Lebens so weit zusammenstrichen, dass die wenigen übrig gebliebenen nach der Vorstellung dieser Weisen unter allen Umständen genossen werden konnten. Die Stoiker näherten sich demselben Ziel auf einem anderen Weg. Sie glaubten, durch Beherrschung ihrer Gedanken alles akzeptieren zu können, was ihnen widerfahren würde. Der Kosmos werde vom Logos – von der Vernunft – regiert. Empfinde man ein Ereignis als katastrophal, so habe man nicht verstanden, dass es Teil der kosmischen Ordnung ist. Der Weg zur Gelassenheit sei es, sich mit dieser Ordnung zu identifizieren. Wenn man das erreicht habe, könne man Erfüllung darin finden, seine Rolle in der Ordnung der Dinge zu spielen.

Diese stoische Philosophie fand Anhänger in vielen Bereichen der Gesellschaft, bei den Sklaven ebenso wie bei den

Herrschenden. Ein Eindruck davon, wie sie praktiziert wurde, lässt sich den *Selbstbetrachtungen* des Kaisers Marc Aurel (121–180) entnehmen. Dieses geistige Tagebuch, in dem der Kaiser sich ermahnt, seinen Platz in der Welt zu akzeptieren und seine Pflicht zu tun, ist voller Äußerungen von Lebensüberdruss. So sei zu bedenken:

> Wie schnell doch alles verschwindet, in der Welt die Menschen selbst, in der Ewigkeit die Erinnerung an sie. So ist es mit allem Sichtbaren und vor allem mit dem, was uns durch Lust ködert oder durch Mühsal abschreckt oder aus Eitelkeit berühmt geworden ist. Wie wertlos und verächtlich, wie schmutzig, hinfällig und tot das ist, das zu begreifen ist Sache unseres Denkvermögens. Was sind denn die Leute, deren Ansichten und Reden einem Ruhm oder Ruhmlosigkeit verschaffen? Was ist denn das Sterben? Wenn man es für sich allein betrachtet und durch begriffliche Zergliederung das davon trennt, was in der Vorstellung damit verbunden ist, dann wird man zu der Annahme gelangen, es sei nichts anderes als ein Werk der Natur.[2]

Dies ist keine Bejahung des Lebens, sondern eine Haltung der Gleichgültigkeit gegenüber dem Leben. Marc Aurel versucht sich dadurch mit Missgeschick und Tod zu versöhnen, dass er sich eine vernünftige Ordnung der Dinge zurechtlegt, in der er ein notwendiger Bestandteil ist. Der kaiserliche Philosoph glaubt, wenn er in sich eine vernünftige Ordnung finden könne, sei er vor Angst und Verzweiflung gerettet. Denn nicht nur, dass das Universum vernünftig ist; was vernünftig ist, ist auch richtig und gut. In dieser fiktiven Gleichung hofft er, Frieden zu finden.

Marc Aurel zufolge verlangt die Vernunft eine willentliche Auslöschung des Willens. Das Ergebnis ist ein trübsinniges Lob von Durchhalten und Verzicht. Der Philosophenkaiser träumt davon, einer unbeweglichen Statue in einem stillen römischen Mausoleum gleich zu werden. Aber das Leben weckt ihn aus seinem Traum, und er muss um sich herum erneut ein Totenhemd aus Philosophie weben.

Der russische Dichter und Essayist Joseph Brodsky schrieb:

> Für die Menschen der Antike war Philosophie kein Abfallprodukt des Lebens, sondern umgekehrt [...]. Vielleicht sollten wir hier einen Augenblick auf das Wort »Philosophie« verzichten, denn als Weisheitsliebe lässt sich der Stoizismus, vor allem seine römische Version, nicht bezeichnen. Er war eher ein lebenslanger Versuch im Erdulden [...].[3]

Während er verbissen seine kaiserlichen Pflichten erfüllte – die Rolle im Leben, die der Kosmos ihm seiner Überzeugung nach zugedacht hatte –, fand Marc Aurel Befriedigung im Nachsinnen über seine Traurigkeit.

Die Stoiker akzeptierten, dass selbst der weiseste Weise die heftigsten Schmerzen des Lebens nicht ertragen könne. Litten sie unter solchen Schmerzen, war Freitod erlaubt. Marc Aurel riet davon ab, sich selbst zu töten, wenn man einer öffentlichen Verantwortung gerecht werden musste, gestand aber zu, dass man sein Leben beenden dürfe, wenn einem die Umstände jede Form von vernünftiger Existenz unmöglich machten.

Der stoische Philosoph, Staatsmann und Dramatiker Seneca ging noch weiter. Er meinte, Selbstmord könne vernünftig sein, wenn man schlicht und einfach genug vom Leben habe. Einen jungen Schüler, den er beriet, fragte er:

Hast Du etwas, worauf Du [noch] wartest? Gerade die Vergnügungen, die Dich auf- und zurückhalten, hast Du ausgekostet: keine ist Dir neu, keine nicht bereits verhasst gerade wegen der Übersättigung. Wie der Geschmack von Wein ist, wie der von Honigwein, weißt Du: es macht überhaupt keinen Unterschied, ob hundert oder tausend Amphoren durch Deine Blase hindurchlaufen. [...] Wie bei einem Theaterstück, so ist es im Leben: nicht wie lang, sondern wie gut es [auf]geführt worden ist, ist wichtig. Es macht überhaupt nichts aus, an welcher Stelle Du aufhörst. Wo auch immer Du willst, höre auf: setze bloß eine gute Wendung an den Schluss. Lebwohl![4]

Seneca starb von eigener Hand, allerdings nicht freiwillig. Beschuldigt, an einem Komplott zur Ermordung von Kaiser Nero beteiligt gewesen zu sein, wurde ihm von diesem befohlen, Selbstmord zu begehen. Dem römischen Historiker Tacitus zufolge gehorchte Seneca und schnitt sich die Pulsadern auf. Da das Blut aber nur langsam floss, nahm er zusätzlich Gift. Als auch das fehlschlug, wurde er von Soldaten in ein warmes Bad gelegt, in dem er schließlich erstickte.

Als Ideal der Seelenruhe ist Ataraxie eine Illusion. Epikureer versuchen, ihr Leben zu vereinfachen, um die Genüsse, die sie verlieren könnten, auf ein Minimum zu beschränken. Vor den Turbulenzen der Geschichte aber können sie ihren ·

beschaulichen Garten nicht schützen. Stoiker bestehen darauf, dass wir zwar auf die Ereignisse, die uns widerfahren, keinen Einfluss haben, wohl aber darauf, wie wir über sie denken. Das ist jedoch nur in geringem Umfang der Fall. Ein Fieber, eine Tsetsefliege oder eine traumatische Erfahrung kann den Geist in einem entscheidenden Moment oder für immer verunsichern. Pyrrhon-Schüler versuchen, inneres Gleichgewicht dadurch herzustellen, dass sie sich jedes Werturteils enthalten. Aber der skeptische Zweifel kann die Unruhe, die das Menschsein mit sich bringt, nicht auf Dauer vertreiben.

Selbst wenn Ataraxie erreicht werden könnte – es wäre ein freudloses Leben. Zum Glück ist Totenruhe zu Lebzeiten kein Zustand, den Menschen lange aufrechterhalten können.

—

PASCAL ÜBER ZERSTREUUNG

All diese Philosophien haben einen gemeinsamen Fehler. Sie gehen davon aus, dass das Leben durch menschliche Vernunft in geordneten Bahnen geführt werden könne: Wir könnten uns entweder eine Lebensweise zulegen, die vor Verlusten schützt, oder unsere Gefühle so beherrschen, dass jeder Verlust zu ertragen sei. In Wahrheit aber lassen sich weder unsere Art, zu leben, noch unsere Gefühle auf diese Weise beherrschen. Unser Leben wird durch den Zufall geformt und jedes unserer Gefühle durch den Körper. Ein Großteil des menschlichen Lebens – und ein Großteil der Philosophie – besteht aus dem Versuch, uns von dieser Tatsache abzulenken, uns zu zerstreuen.

Zerstreuung war ein zentrales Thema der Schriften des Mathematikers, Naturwissenschaftlers, Erfinders und religiösen Denkers Blaise Pascal, der im 17. Jahrhundert lebte. Pascal schrieb:

> Da die Menschen nicht Tod, Elend und Unwissenheit heilen konnten, sind sie, um sich glücklich zu machen, auf den Einfall gekommen, nicht daran zu denken.[5]

Und er erläuterte:

> Als ich es zuweilen unternommen habe, die ruhelose Geschäftigkeit der Menschen zu betrachten, wie auch die Gefahren und die Strapazen, denen sie sich bei Hofe und im Kriege aussetzen, woraus so viele Streitigkeiten, Leidenschaften, kühne und oft unheilvolle Unternehmungen usw. erwachsen, habe ich häufig gesagt, dass das ganze Unglück der Menschen aus einem einzigen Umstand herrühre, nämlich, dass sie nicht ruhig in einem Zimmer bleiben können. Wenn ein Mann, der genug Vermögen zum Leben hat, es verstünde, vergnügt zu Hause zu bleiben, so würde er nicht ausziehen, um über das Meer zu fahren oder sich an der Belagerung einer Festung zu beteiligen [...].
>
> Doch da ich es genauer bedachte und nachdem ich den Grund für all unser Unglück gefunden hatte, wollte ich dessen Ursache(n) entdecken, und ich habe gefunden, dass es eine ganz sichere gibt, die im natürlichen Unglück unserer schwachen und sterbli-

chen Beschaffenheit besteht, die so elend ist, dass nichts uns trösten kann, wenn wir sie recht bedenken. [...]

(Das einzige Gut der Menschen besteht also darin, dass sie von den Gedanken an ihre Lage abgelenkt werden, und das entweder durch eine Beschäftigung, die sie davon abbringt, oder durch irgendeine angenehme und neue Leidenschaft, die sie ausfüllt, oder auch durch das Spiel, die Jagd, irgendein anziehendes Schauspiel und schließlich durch jenes, was man Zerstreuungen nennt.)[6]

Menschen lenken sich Pascal zufolge ab, indem sie ihre Einbildungskraft bemühen:

Einbildung.

Dieser beherrschende Bestandteil des Menschen, diese Gebieterin über Irrtum und Falschheit [...]

Ich spreche nicht von den Narren, ich spreche von den Weisesten, und gerade bei ihnen hat die Einbildung das gewaltige Recht, die Menschen zu überzeugen. Die Vernunft mag noch so laut rufen, sie kann den Wert der Dinge nicht bestimmen.

Diese stolze, der Vernunft feindliche Macht, die sich darin gefällt, sie zu überwachen und zu beherrschen, um so zu zeigen, wie viel sie in allen Dingen vermag, hat im Menschen eine zweite Natur begründet. Sie hat ihre Glücklichen und ihre Unglücklichen, ihre Gesunden und ihre Kranken, ihre Reichen und ihre Armen. Sie lässt glauben, zweifeln, die Vernunft leugnen. Sie setzt die Sinne außer Kraft, sie macht sie wahrnehmbar. Sie hat ihre Narren und ihre Weisen. [...]

Die Einbildung bestimmt über alles; sie macht die Schönheit, das Recht und das Glück, das in der Welt alles ist.[7]

Auch Montaigne hat über Zerstreuung geschrieben. Während Pascal sie jedoch als Hindernis für die Erlösung ablehnte, begrüßte Montaigne sie als natürliches Mittel gegen das Leiden:

Ich wurde einst von einem mächtigen Schmerz ergriffen, mächtig nicht nur wegen meiner Wesensart, sondern mehr noch wegen seines Grunds. Ich wäre vielleicht daran gestorben, wenn ich mich allein auf meine Kräfte verlassen hätte. Da ich also einer starken Ablenkung bedurfte, um mich seinem Zugriff zu entwinden, beschloss ich, mich nach allen Regeln der Kunst zu verlieben – wobei mir mein damaliges Alter zu Hilfe kam. Auf diese Weise verschaffte mir die Liebe Erleichterung und entriss mich dem Schmerz, in den mich der Verlust eines Freundes gestürzt hatte.

So ergeht es mir allenthalben. Ein quälender Gedanke bedrängt mich – und schon habe ich ihn ausgetauscht, denn das finde ich einfacher, als ihn zu bändigen [...]. Wenn ich aber den Gedanken nicht niederzukämpfen vermag, entwische ich ihm, und auf der Flucht schlage ich Haken und überliste ihn, indem ich Ort, Tätigkeit und Gesellschaft wechsle. Ich rette mich ins Gewühl andrer Beschäftigungen und Gedanken, wo er meine Spur verliert und mich nicht mehr finden kann.

So waltet die Natur durch die Wohltat der Unbeständigkeit [...].[8]

Montaignes Schmerz wurde durch den Tod seines geliebten Freundes, des französischen Richters und politischen Denkers Étienne de La Boétie (1530–1563), ausgelöst, über den er einen berühmten Essay schrieb.[9] Er überwand die darauf folgende Melancholie, indem er sich dem »Walten« der Natur anheimgab.

Was Zerstreuung betrifft, verhalten sich Menschen und Katzen diametral entgegengesetzt. Da Katzen kein Selbstbild haben, brauchen sie sich nicht von der Tatsache abzulenken, dass sie eines Tages nicht mehr existieren werden. Folglich leben sie ohne die Angst, dass die Zeit zu schnell oder zu langsam vergeht. Wenn Katzen nicht jagen oder sich paaren, fressen oder spielen, schlafen sie. Sie haben keine innere Unruhe, die sie zu ständiger Aktivität zwingt. Vielleicht träumen sie, wenn sie schlafen. Aber es gibt keinen Grund für die Annahme, dass sie davon träumen, in einer anderen Welt zu sein, und wenn sie nicht schlafen, sind sie vollkommen wach. Es mag eine Zeit kommen, in der sie spüren, dass sie bald sterben werden, aber sie verbringen ihr Leben nicht in Furcht vor dieser Phase.

Montaigne und Pascal akzeptieren, dass Philosophie das menschliche Tier nicht von seinem Elend ablenken kann. Sie sind sich aber nicht einig, was dieses Elend bedeutet. Während Montaigne meint, andere Tiere seien dem Menschen in mancherlei Hinsicht überlegen, sieht Pascal im menschlichen Elend ein Zeichen dafür, dass der Mensch allen anderen Tieren überlegen sei: »Die Größe des Menschen zeigt sich darin groß, dass er sich als elend erkennt; ein Baum erkennt sich nicht als elend. Es bedeutet also, elend zu sein, wenn man (sich) als elend erkennt, aber es bedeutet, groß zu sein, wenn man erkennt, dass man elend ist. [...] Das ist das Elend eines großen Herrn. Das

Elend eines entthronten Königs.«[10] Während Montaigne sich der Natur zuwendet, wendet Pascal sich Gott zu.

Pascal vollbrachte im Laufe seines kurzen Lebens erstaunliche geistige Leistungen. Bevor er 1662 im Alter von neununddreißig Jahren starb, baute er einige der ersten Rechenmaschinen (weshalb im 20. Jahrhundert eine Programmiersprache nach ihm benannt wurde) und machte bedeutende Fortschritte in der Wahrscheinlichkeitstheorie. Außerdem entwickelte er das erste städtische Nahverkehrssystem – es basierte auf pferdegezogenen Bussen und war eine Zeit lang in Paris in Betrieb – sowie eine frühe Version des Roulettes. Er gilt zu Recht als einer der Begründer der modernen Wissenschaft. Doch sein vorrangiges Anliegen war die Religion.

Am 23. November 1654 hatte er eine mystische Offenbarung, eine unmittelbare Erfahrung des Gottes, der ihm bis dahin verborgen geblieben war; diese Offenbarung wurde zum Schlüsselereignis seines Lebens. Er hielt sie auf einem Stück Pergament fest, das er für den Rest seines Lebens bei sich trug und das nach seinem Tod im Futter seines Mantels gefunden wurde. Der Text kann als einer der *Gedanken* gelesen werden.[11]

Die letzten Jahre Pascals waren leidvoll. Er hatte sich für den Jansenismus erwärmt, eine Strömung des Katholizismus, die vom Papst verurteilt worden war, und als er nach lebenslanger Kränklichkeit auf den Tod erkrankte, wurde er von inkompetenten Ärzten sinnlosen schmerzhaften Behandlungen unterzogen. Außerdem verweigerte man ihm bis fast zu seinem Ende den Trost der Sterbesakramente. Nach langem Todeskampf starb er am 19. August 1662; seine letzten Worte waren: »Möge Gott mich nie verlassen.«[12]

Pascal widmete viele seiner *Gedanken* der Widerlegung von Montaignes Skeptizismus. Die chronische Angst, unter der die Menschen leiden, war seiner Ansicht nach ein Zeichen dafür, dass ihr eigentlicher Ort nicht die natürliche Welt sei. Dass der Mensch zu anderen Tieren aufschaue, sei falsch: »Es ist gefährlich, dem Menschen zu eindringlich vor Augen zu führen, wie sehr er den Tieren gleicht, ohne ihm seine Größe zu zeigen. Und es ist weiter gefährlich, ihm zu eindringlich seine Größe ohne seine Niedrigkeit vor Augen zu führen.«[13] Das Schlimmste sei, wenn Menschen Tiere als Götter verehrten: »Niedrigkeit des Menschen, der sich selbst den Tieren unterwirft, ja sie sogar anbetet.«[14]

Pascal zufolge weist das menschliche Unbehagen über die Welt hinaus. Für Montaigne rührt es von einer Schwachstelle im menschlichen Tier her. Ich stimme hier Montaigne zu. Menschen sind Wesen mit geteiltem Selbst, die ihr Leben lang verdrängen. Die Sorgen, die sie mit ihren tierischen Verwandten gemeinsam haben, werden durch das Denken, das sich ständig auf sich selbst zurückwendet, vervielfacht. Dass das menschliche Tier sich reflexiv seiner selbst bewusst ist, ist der Grund für seine besondere Erbärmlichkeit.

Wie Montaigne, so machte auch Pascal sich über die Vorstellung lustig, die Vernunft könne ein Heilmittel für die conditio humana sein. Er meinte jedoch, die Vernunft könne dazu beitragen, den Menschen zum Glauben zu verhelfen. Pascals berühmte Wette nennt Gründe, warum wir darauf setzen sollten, dass Gott existiert. Uns bleibt ohnehin nichts anderes übrig, als zu wetten: Wenn wir gewinnen, gewinnen wir unendliches Glück; wenn es keinen Gott gibt, verlieren wir ein endliches, sterbliches Leben, das so kurz ist, dass es fast keinen Wert hat.[15] Dieses Argument lässt zu wünschen übrig. Pascal setzt voraus, dass wir wüssten, auf welchen Gott wir setzen sollten. Dabei haben die Menschen zu vielen Göttern gebetet, und jeder forderte Unterwerfung und Gehorsam. Wenn wir auf einen setzen, den es nicht gibt, könnte ein anderer uns verdammen. Und sind unsere kurzen Leben wirklich so wenig wert? Wenn sie alles sind, was wir haben, sind sie für uns vielleicht umso wertvoller.

Man sollte Pascals Appell an die Vernunft nicht zu ernst nehmen. Die Vernunft verweist auf den Glauben, meinte er, aber er wusste, dass die Vernunft allein nicht genügt, damit irgendjemand gläubig bleibt. Die Grundlage jedes dauerhaften Glaubens ist das Ritual. Statt nachzudenken über die Religion, sollten die Menschen in eine Kirche, einen Tempel oder eine Synagoge gehen, dort niederknien und gemeinsam mit anderen zu ihrem Gott beten. Menschen seien Maschinen ähnlicher, als sie wahrhaben wollten:

> Denn man darf sich nicht verkennen, wir sind ebensosehr automatisch handelnder Körper wie Geist. Und daher kommt es, dass das Mittel, um zu überzeugen, nicht allein die Beweisführung ist. […] Die Beweise überzeugen nur den Geist, die Gewohnheit macht unsere Beweise zu den stärksten und glaubwürdigsten. Sie lenkt den Leib in eine Richtung, und er zieht den Geist mit sich fort, ohne dass dieser darüber nachdenkt. Wer hat bewiesen, dass morgen Tag sein wird und dass wir sterben werden, und was glaubt man fester als dies? Also ist es die Gewohnheit, die uns davon überzeugt. Sie macht so viele zu Christen […]. Man muss einen leichteren Glauben gewinnen, den der Gewöhnung […].[16]

Glauben, so Pascal, ist eine Gewohnheit des Körpers. Wenn man glauben wolle, solle man so tun, als glaube man schon; der Geist werde bald folgen. Und Übung werde den Glauben beständig machen.

Das Problem ist, dass diese Analyse auch Ablenkung und Zerstreuung rechtfertigt. Pascal schreibt: »Das ewige Schweigen dieser unendlichen Räume erschreckt mich.«[17] Aber sich dem weltlichen Leben hinzugeben – Sport zu treiben oder sich in eine neue Liebe zu stürzen –, kann genauso effektiv sein, um die existenzielle Angst abzuwehren, wie das Praktizieren einer Religion. Jeder Zeitvertreib kann diesen Zweck erfüllen.

Pascal hat allerdings recht, wenn er sagt, die Neigung, sich abzulenken, sei nur dem Menschen eigen. Manche glauben, dass das Herstellen von Werkzeugen uns von unseren tierischen Verwandten unterscheide. Andere behaupten, es sei die Weitergabe von Wissen oder der Gebrauch von Sprache. Aber nichts von alledem ist ein Alleinstellungsmerkmal des Menschen. Biber bauen sich ein Zuhause, Raben benutzen Werkzeuge, um Nahrung zu erbeuten, Affen bilden Kulturen mit dem Wissen, das ihnen von früheren Generationen überkommen ist. Das Heulen der Wölfe und die Gesänge der Wale sind die Laute, mit denen die einen und die anderen miteinander sprechen. Das Bedürfnis nach Ablenkung dagegen ist durch und durch menschlich.

Sich abzulenken ist eine Reaktion auf das bestimmende Merkmal des menschlichen Tieres: die Angst vor dem Tod, die damit einhergeht, dass dieses Tier sich seiner selbst bewusst ist. Wie auch einige andere Tierarten können Elefanten so etwas wie den Tod erkennen, wenn er Mitgliedern ihrer Art widerfährt. Aber nur Menschen wissen, dass der Tag kommen wird, an dem sie selbst sterben werden. Unser

Bild von uns selbst, wie wir durch die Zeit gehen, beinhaltet die Erkenntnis, dass wir absehbar sterben werden. Einen Großteil unseres Lebens verbringen wir damit, vor unserem eigenen Schatten davonzulaufen.

Die Verleugnung des Todes und die Spaltung der menschlichen Seele gehen Hand in Hand. Da die Menschen alles fürchten, was sie an ihre Sterblichkeit erinnert, schieben sie einen Großteil ihrer Erfahrungen in einen unbewussten Bereich ihrer selbst. Das Leben wird zu einem Ringen darum, im Dunkeln zu bleiben. Katzen brauchen dieses Dunkel in ihrem Innern nicht; obwohl sie Nachtgeschöpfe sind, leben sie im Licht des Tages.

—

HODGE UND DER SÜNDENFALL

Katzen planen ihr Leben nicht; sie leben es, wie es kommt. Menschen können nicht anders, als aus ihrem Leben eine Geschichte zu machen. Aber da sie nicht wissen können, wie ihr Leben enden wird, untergräbt dies die Geschichte, die sie von ihm zu erzählen versuchen. Folglich leben sie nicht anders als Katzen – so, wie der Zufall es will.

Menschen unterscheiden sich von anderen Tieren dadurch, dass sie weitreichende Vorkehrungen für die Zukunft treffen. Landwirtschaft und Industrie verringern ihre Abhängigkeit von den Jahreszeiten und dem wechselnden Wetter. Die Folge ist, dass sie länger leben als früher. Doch die Art und Weise, wie sie leben, bleibt bedroht.

Viele scheinen zuversichtlich zu sein, dass die moderne Zivilisation, die sich in den letzten Jahrhunderten entwickelt hat, Bestand haben wird, auch wenn der Klimawandel und Pandemien die Welt verändern und gefährlicher machen. Zweifellos wird sich die Menschheit irgendwie anpassen. Wie genau, ist jedoch unklar. Werden die Gesellschaftsformen, die heute existieren, erneuert weiterbestehen? Oder werden Herrschaftsformen der Vergangenheit – etwa der Feudalismus oder die Sklaverei – wiederbelebt und mit neuen Technologien durchgesetzt? Niemand weiß es. Die Zukunft des menschlichen Lebens auf der Erde ist ebenso unbekannt wie das, was nach unserem Tod kommt (wenn danach überhaupt etwas kommt).

Einige Denker der Neuzeit hatten die Vorstellung, die Gesellschaften ließen sich so umbauen, dass die Menschen das Glück erlangen könnten, auf das sie Anspruch zu haben glauben. Einer, der diese Vision für unrealistisch hielt, war der englische Romancier, Biograph, Lexikograph und geistvolle Plauderer Samuel Johnson (1709–1784).

Johnson, Sohn eines Buchhändlers, kam als kränklicher Säugling auf die Welt, von dem man nicht erwartete, dass er lange leben würde. Schon früh zeigte er Tics im Gesicht und am Körper, was einige Biographen zu dem Schluss kommen ließ, er habe am Tourette-Syndrom gelitten. Oft verschuldet und immer in Geldnöten, besuchte er das Pembroke College in Oxford, lernte aber wenig und verließ es ohne Abschluss. 1735 heiratete er die Witwe von Henry Porter, einem engen Freund und wohlhabenden Kaufmann aus Birmingham. Elizabeth »Tetty« Porter war mehr als zwanzig Jahre älter als Johnson, weshalb die Beziehung von ihrer Familie abgelehnt wurde und Johnsons Freunde überraschte. Aber die Ehe – »eine Liebesehe«, wie er sagte – scheint glücklich gewesen zu sein und währte bis zu Tettys Tod 1752. Tetty finanzierte

Johnson die Gründung einer Schule, doch das Unternehmen scheiterte, so dass er sich für den Rest seines Lebens als Gelegenheitsschriftsteller durchbringen musste. Von seiner Frau sprach er immer mit Dankbarkeit und Zuneigung.

Wie Montaigne, so war auch Johnson ein hingebungsvoller Katzenliebhaber. Er ging in die Stadt, um für Hodge, seinen schwarzfelligen Katzengefährten, Austern zu kaufen und Baldrian, um die Schmerzen des Katers zu lindern, wenn er krank war. Ebenfalls wie Montaigne, wenn auch häufiger und heftiger, litt er unter Anfällen von Melancholie.

Für die Vorstellung, man könne durch Nachdenken über den besten Weg im Leben glücklich werden, hatte Johnson nur Spott übrig. An seinen Freund und Biographen James Boswell schrieb er etwa:

> Das Leben ist nicht lang, und man darf nicht einen zu großen Teil mit Anstalten dazu vertrödeln – Anstalten, die oft auf Besonnenheit zurückgehen, mit übertriebenem Feingefühl fortgesetzt werden und dann nach großem Aufwand an Überlegung doch durch bloßen Zufall abgebrochen werden müssen. Sich sein zukünftiges Leben bewusst auszusuchen, setzt Fähigkeiten voraus, die uns nun einmal nicht gegeben sind.[18]

Johnson hat diese Auffassung in *The History of Rasselas, Prince of Abissinia* (1759) dichterisch begründet. Das Buch, das ursprünglich den Titel »The Choice of Life« (Die Wahl des Lebens) trug, ist eine Fabel, in der der Sohn des Königs von Abessinien (dem heutigen Äthiopien) »das Glückliche Tal«, in dem er gelebt hat, verlässt und andere Länder bereist.

Bis dahin hatte Rasselas die Übel der Welt nicht gekannt. Umgeben von Frieden und Schönheit, lebte er in einer Art Paradies. Doch er begann, sich zu langweilen, und wurde unzufrieden, und er wollte wissen, warum. Keiner der Menschen, die er traf, aber war glücklich, und auch die Weisen, denen er begegnete, vermochten ihm nicht zu sagen, wie er glücklich werden konnte. Sollte er seine Suche fortsetzen? Sein Freund, der Dichter Imlac, der ihn auf seiner Reise begleitet, erklärt ihm, warum das Streben nach Glück die Jagd nach einer Illusion ist:

> Die Ursachen von Gut und Böse [...] sind so vielfältig und ungewiss, oft so verschränkt miteinander, so kompliziert durch verschiedene Beziehungen und so sehr unvorhersehbaren Zufällen unterworfen, dass derjenige, der sich in seiner Art zu leben von unanfechtbaren Gründen leiten lassen will, sein ganzes Leben lang, bis an die Schwelle des Todes, prüfen und abwägen muss. [...]
>
> Nur sehr wenige Menschen [...] leben aufgrund eigener Entscheidungen. Und jeder ist in seine gegenwärtige Lage durch Ursachen versetzt worden, die ohne seine Voraussicht wirkten und mit denen er nicht immer freiwillig zusammengewirkt hat.[19]

Die Geschichte endet damit, dass Rasselas seine Suche aufgibt und ins Glückliche Tal zurückkehrt.

Johnsons Überzeugung, dass das Denken Unglück nicht lindern könne, spiegelt seine eigene Erfahrung wider. Sein Leben lang war er um seine Gesundheit besorgt. Er erkrankte an Skrofulose, einer Infektion der Lymphknoten, die oft durch Tuberkulose verursacht wird und zu einer Schwellung der Drüsen führt. Er verlor einen Teil seines Augenlichts. In einer autobiographischen Notiz aus seinen Fünfzigern schrieb er, er sei »ein armes, krankes, fast blindes Kind« gewesen. Kurzsichtigkeit war ein schweres Handicap für jemanden, dessen Profession das geschriebene Wort war. In fast zehn Jahre währender Arbeit verfasste er ein Wörterbuch der englischen Sprache, das auch ein Hauptwerk der Literatur ist. Seine Haushälterin Mrs Thrale hat beschrieben, wie er nachts zu lesen pflegte: über eine Kerze gebeugt, so dass »diese die Stirnlocken all seiner Perücken nach und nach bis hinunter auf das Netz verbrannte«.

Obwohl Johnson überzeugter Christ war, brachte ihm sein Glaube keinen Frieden. Immer anfällig für Depressionen, fürchtete er oft, den Verstand zu verlieren. Er hatte sich eine Kette und ein Vorhängeschloss zugelegt und Mrs Thrale gebeten, ihn damit zu fesseln, wenn ihm der Wahnsinn drohe. Manche haben die Vermutung geäußert, er habe masochistische Neigungen gehabt, aber wahrscheinlicher ist, dass er für den Fall, sein gestörter Geisteszustand würde publik, die damit verbundene Schande sowie eine Zwangsunterbringung im Tollhaus fürchtete. Ein Bekannter von ihm, der Dichter Christopher Smart, hatte sieben Jahre in einem Irrenhaus verbracht; dem einzigen ständigen Begleiter dort, seiner Katze Jeoffry, hat Smart sein berühmtes Gedicht zum Lob dieses Mitglieds vom »Stamm der Tiger« gewidmet.[20]

Johnson mag das Irrenhaus ebenso gefürchtet haben wie den Wahnsinn. Doch es ist wahr, dass er fast ständig in der Angst vor geistiger Umnachtung lebte, einer Angst, die er durch zwanghafte Rituale in Schach zu halten versuchte. Wenn er durch die Straßen Londons ging, berührte er jeden

Pfosten mit seinem Stock; verfehlte er einen, musste er zurück- und noch einmal losgehen. Wenn er saß, bewegte er sich mit dem Oberkörper vor und zurück, und manchmal pfiff er dazu. Ständig murmelte und brabbelte er vor sich hin; er war eine einzige Ansammlung von Tics und Zuckungen. Ganz gleich, ob er unter dem Tourette-Syndrom litt oder nicht, er war ein zutiefst ruheloser Mensch.

Doch Johnsons Unbehagen war nur eine extreme Form jener Unruhe, die allen Menschen gemein ist. Das menschliche Leben ist über weite Strecken eine Abfolge von Tics. Karrieren und Liebesaffären, Reisen und wechselnde Philosophien sind Zuckungen in Gemütern, die nicht zur Ruhe kommen können. Pascal hat pointiert gesagt, dass die Menschen nicht wüssten, wie man ruhig in einem Raum sitze. Johnson wusste, dass er nirgends jemals würde ruhig sitzen können, aber er konnte sich von seiner Rastlosigkeit nicht befreien. Er wurde, wie andere Menschen auch, von seiner Phantasie beherrscht.

Johnson hat die gefährliche Macht der Phantasie im 44. Kapitel von *Rasselas* analysiert. Seine Schlussfolgerung: Diese Macht kann nicht durch einen Willensakt gebrochen werden.

> Wenn wir mit strenger Genauigkeit sprechen, ist vielleicht kein menschlicher Geist in dem Zustand, in dem er sein sollte. Es gibt keinen Menschen, dessen Phantasie nicht manchmal stärker ist als seine Vernunft, keinen, der seine Aufmerksamkeit gänzlich durch seinen Willen lenken kann und dessen Vorstellungen auf sein Kommando hin kommen und gehen. Man wird keinen Menschen finden, den nicht manchmal luftige Ideen tyrannisieren und zwingen,

über die Grenzen der nüchternen Wahrscheinlichkeit hinaus zu hoffen oder zu fürchten. Alle Macht der Phantasie über die Vernunft ist eine leichte Form von Wahnsinn [...].[21]

Die beste Ablenkung von der gestörten Phantasie war für Johnson Gesellschaft. Er freundete sich mit den menschlichen Wracks in London ebenso leicht an wie mit der literarischen High Society. Er, der mit König Georg III. Konversation getrieben hatte, war genauso bereit, mit obdachlosen Bettlern zu sprechen, die er in sein Haus aufnahm. Nicht das Denken, sondern das Eintauchen in die Gesellschaft erlaubte ihm, sich selbst zu entkommen.

Gibt es irgendein anderes Tier, das seine eigene Gesellschaft nicht ertragen kann? Keiner Katze geht es so. Katzen verbringen einen Großteil ihres Lebens in zufriedenem Alleinsein. Trotzdem können sie ihre menschlichen Gefährten lieb gewinnen und das kranke Unbehagen in ihnen behandeln, von dem sich die Menschen selbst nicht befreien können. Johnson schätzte diese Fähigkeit an seinem Kater, von dem er sagte, er sei »ein gutes Tier, ein sehr gutes Tier sogar«.[22] Hodge eröffnete ihm etwas, das menschliche Gesellschaft ihm nicht bieten konnte: einen Blick auf das Leben vor dem Sündenfall.

Das Glückliche Tal in *Rasselas* ist eine Darstellung des Gartens Eden aus der Sicht des 18. Jahrhunderts, ein Ort, den niemand wieder aufsuchen kann. Zwar beschließt der Prinz, in das Tal zurückzukehren. Aber das letzte Kapitel der Novelle trägt den Titel »Der Schluss, in dem nichts geschlossen wird«, und es ist klar, dass weder der Prinz noch das Glückliche Tal wieder sein können, was sie waren, als er es verließ.

Im Paradies kann man nur sein, wenn man nicht weiß, wie es ist, im Paradies zu sein. Sobald man es weiß, ist das Paradies verschwunden. Keine Anstrengung des Denkens kann uns dahin zurückbringen, denn das Denken – das bewusste Erkennen unserer selbst als sterblicher Wesen – ist der Sündenfall. Im Garten Eden ist das erste Menschenpaar in Unwissenheit über sich selbst gekleidet. Als die beiden zur Selbsterkenntnis kommen, stellen sie fest, dass sie nackt sind. Das Denken an sich selbst ist das Geschenk der Schlange, das nicht zurückgegeben werden kann.

Für den Wortschmied des 18. Jahrhunderts war das Paradies ein Zustand, in dem er nicht von seinen Gedanken gequält wurde. Aber Johnson wusste, dass ihm die Selbstquälerei angeboren war. Das »arme, kranke Kind« würde niemals Gesundheit erfahren – es konnte nur vor sich selbst fliehen. Daher stürzte sich Johnson in die Gesellschaft. Er, der vollendete Plauderer, dessen Ansichten Boswell für die Nachwelt aufgezeichnet hat, sprühte vor Witz, war aber auf der Flucht vor seinen eigenen Gedanken. Johnson brauchte freilich mehr als nur Ablenkung: etwas, was nur sein Katzenbegleiter bieten konnte. Als er hörte, dass »ein junger Gentleman aus guter Familie« verrückt geworden war und Katzen erschoss, murmelte Johnson: »Aber Hodge soll nicht erschossen werden; nein, nein, Hodge soll nicht erschossen werden.«[23] Hodge gab Johnson eine Ruhepause vom Denken – und damit vom Menschsein.

3

—

KATZENETHIK

—

MORALISCH SEIN, ETWAS SEHR
MERKWÜRDIGES

Katzen werden oft als amoralisch bezeichnet. Sie befolgen keine Gebote und haben keine Ideale. Sie lassen keine Anzeichen von Schuldgefühl oder Reue erkennen, und sie strengen sich auch nicht an, besser zu sein, als sie sind. Sie bemühen sich nicht, die Welt zu verbessern, und zerbrechen sich nicht den Kopf darüber, was zu tun richtig sei. Könnten sie sie verstehen, so würden sie die Vorstellung, irgendeine äußere Norm sollte über die Art und Weise entscheiden, wie sie leben, als lächerlich empfinden.

Viele Menschen behaupten, sie würden moralisches Handeln höher schätzen als alles andere. Aus ihrer Sicht unterscheidet nichts sie so sehr von ihren tierischen Verwandten wie die Tatsache, dass sie ein Gefühl für richtig und falsch haben. Ein gutes Leben dürfe nicht nur lebenswert, es müsse auch *moralisch* sein. Wenn ein Leben nicht den Forderungen der Moral entspreche, könne es nicht viel wert sein; möglicherweise sei es gar nichts wert. Moralisch sein sei ein Wert, der unvergleichlich viel kostbarer sei als jeder andere. Genuss sei vielleicht wertvoll, ebenso Schönheit und das Leben selbst, aber wenn man nach diesen Gütern nicht auf moralische Weise strebe, seien sie wertlos oder gar ausgesprochen schlecht. Das gelte für jeden Menschen, da die Gesetze der Moral universal und kategorisch seien. Jeder müsse moralisch sein, bevor er etwas anderes sein könne.

Wer so denkt, ist überzeugt, dass er wisse, was die Moral gebietet. Wo es um richtig und falsch gehe, könne es keine zwei Meinungen geben. Moralisch sein sei schließlich das höchste Gut. Wie könnten Menschen bei etwas so Wichtigem verschiedener Meinung sein? Nun, in Wirklichkeit gibt es viele verschiedene, ja sogar einander widersprechende Moralvorstellungen. Für manche Menschen heute ist Gerechtigkeit der Kern der Moral. Dabei ist Gerechtigkeit weder so unveränderlich noch so wichtig für sie, wie sie glauben. Pascal schreibt dazu: »Gerechtigkeit. Wie die Mode das Vergnügen bestimmt, so bestimmt sie auch das Recht.«[1]

Moral ist in vieler Hinsicht reizvoll. Was könnte hinreißender sein als eine Vision von ewiger Gerechtigkeit? Doch Visionen von Gerechtigkeit sind so unveränderlich wie die Schuhmode. Was Moral gebietet, wandelt sich über die Generationen und kann sich sogar im Laufe eines einzigen Menschenlebens mehrmals ändern. Es ist noch nicht lange her, da forderte die Moral die Verbreitung von Zivilisation durch Ausweitung imperialer Macht. Heute verurteilt die Moral Imperialismus in all seinen Formen. Diese beiden Werturteile stehen einander unversöhnlich gegenüber. Aber das erste verschaffte denen, die es verkündeten, dasselbe befriedigende Gefühl von Rechtschaffenheit, wie das zweite es jenen verschafft, die heute von seiner Richtigkeit überzeugt sind.

Wenn Menschen von Moral sprechen, wissen sie nicht, wovon sie sprechen. Gleichzeitig sind sie sich aber unerschütterlich sicher, dass es richtig ist, was sie sagen. Das mag paradox erscheinen, ist es aber nicht, da sie nur ihre Gefühle ausdrücken. Außer den Tatsachen, die sie zu deren Rechtfertigung anführen, gibt es in ihren Werturteilen nichts, was richtig oder falsch wäre. Daher kann es in Sachen Moral keine Einigkeit geben. Wenn Werturteile nur Gefühle zum Ausdruck bringen, gibt es nichts, worauf man sich einigen (oder worüber man streiten) könnte.

Einige Philosophen meinen, der Glaube, menschliche Werte seien gefühlsbedingt und subjektiv, sei ein Nebenprodukt des modernen Individualismus.[2] Da diese Vorstellung aber schon bei den Skeptikern unter den alten Griechen zu finden ist, spricht nicht viel für diese Erklärung. Plausibler ist, dass ein subjektives Verständnis von dem, was ethisch sei, eine Folge der Aushöhlung der Religion ist. In universal geltenden Gesetzen oder Geboten formulierte »Moral« ist ein Relikt des Monotheismus. Wenn es keinen Urheber dieser Erlasse gibt, welche Autorität können sie dann haben? In der Religion war Gott der Urheber. Später, mit dem Aufkommen der Aufklärung, trat die »Menschheit« an seine Stelle. Aber die Menschheit kann nicht der Urheber von etwas sein, da es so etwas wie einen universalen menschlichen Akteur nicht gibt. Es gibt nur das vielköpfige menschliche Tier mit seinen vielen verschiedenen Moralvorstellungen.

Für alle, die mit der Vorstellung aufgewachsen sind, es gebe nur eine einzige, universal gültige Moral, ist das verwirrend. Daher denken und reden sie weiter, als wäre jedermann klar, was moralisch ist. Doch in Wirklichkeit ist das Gegenteil der Fall.[3]

SPINOZA ÜBER DAS LEBEN GEMÄSS DER EIGENEN NATUR

Glücklicherweise kann man auch anders über das gute Leben nachdenken. Im antiken Griechenland wie im alten China gab es ethische Traditionen, die keinen Bezug zu dem hatten, was heute Moral genannt wird. Für die alten Griechen war das gute Leben ein Leben gemäß der *díke* – der eigenen Natur und deren Ort in der Ordnung der Dinge –, für die Chinesen ein Leben gemäß dem *dao* – dem Weg des Universums, der sich in der eigenen Natur manifestiert. Es gibt zwar zahlreiche Unterschiede zwischen diesen antiken Vorstellungen von Ethik. Aber das, was sie gemeinsam haben, ist für uns heute besonders von Nutzen.

Diese Denkweisen stellen keine »Moral« in den Mittelpunkt, da sie nicht davon ausgehen, dass Gott für alle Menschen eine einzige Art zu leben vorgeschrieben habe. Sie setzen auch nicht voraus, dass der Kern eines guten Lebens die Sorge um andere sei. Das gute Leben besteht für sie vielmehr darin, mit der Natur zu leben, die einem gegeben ist. Sicher gab es auch für die alten Griechen und Chinesen kein gutes Leben ohne Tugenden – Eigenschaften und Fähigkeiten, die es ermöglichten, zu überleben und zu gedeihen –, aber diese Tugenden betrafen nicht nur das, was wir unter Moral zu verstehen gelernt haben, sondern auch Ästhetik, Hygiene, ja die gesamte Lebenskunst. Und nicht nur Menschen hatten Tugenden im besagten Sinne. Vielmehr sei Ethik nach diesem Verständnis – das Wort ist vom griechischen Adjektiv *ethikós* abgeleitet, was »dem Charakter entsprechend« oder

»aus Gewohnheit entstehend« bedeutet – auch bei nichtmenschlichen Tieren zu finden.

Dass nichtmenschliche Tiere Tugenden besitzen, erkannte Aristoteles an Delfinen. Er vermerkt in seiner *Geschichte der Tiere*, wie sie ihre Jungen säugen, miteinander kommunizieren und bei der Jagd auf Fische kooperieren.[4] Seine Aussagen stützen sich auf Beobachtungen, die er gemacht hatte, als er mit Fischern in der Ägäis unterwegs war. Aristoteles glaubte, dass alles im Universum ein *télos* (einen Zweck) habe, das darin bestehe, die je eigene Natur zu verwirklichen. In einem guten Leben sei das gelungen. Wenn Delfine zusammenkämen, um Fische zu jagen, dann sei das für diesen Zweck notwendig, mit anderen Worten: es sei eine Tugend. Delfine lebten das gute Leben eben im Delfin-Modus.[5]

Im alten China gab es eine ähnliche Denkweise. Der Daoismus von Laozi und Zhuangzi drehte sich um die Vorstellungen von *dao* und *de*: um den Weg bzw. die Natur der Dinge und die Fähigkeit, ihm bzw. ihr gemäß zu leben. *De* ist zwar oft mit ›Tugend‹ übersetzt worden, bezeichnete aber kein ausschließlich »moralisches« Vermögen, sondern die innere Kraft, die notwendig sei, um sich gemäß dem Weg der Dinge zu verhalten. Diesem Weg zu folgen bedeutete für die Lebewesen – nicht nur für Menschen –, sich so zu verhalten, wie sie mussten. Alle Lebewesen gediehen nur insoweit, als sie ihrer Natur gehorchten.[6]

Aristoteles' Darstellung der Ethik ist anthropozentrisch und hierarchisch. Der Platon-Schüler konzediert zwar, dass auch andere Tiere Tugenden hätten, besteht aber darauf, dass das gute Leben am vollkommensten in einigen wenigen Menschen verwirklicht sei. Mehr als jeder andere ähnele der menschliche Geist dem Geist Gottes – einem göttlichen Intellekt (*nous*), der letzten Ursache oder dem »unbewegten Beweger« des Universums –, und alles, was existiere, strebe danach, wie Gott zu sein. Für Aristoteles folgt daraus, dass das menschliche Tier das *télos* – der Endzweck – des Universums sei.

Diese Vorstellung passte gut zum Christentum und hielt sich auch in populären Evolutionstheorien. Darwins Theorie jedoch besagt etwas ganz anderes: Die natürliche Auslese geschehe nicht zielgerichtet, und die menschliche Spezies sei durch Zufall entstanden. Der Mensch sei nicht »besser« als zahllose ausgestorbene Arten. Darwin tat sich aber schwer, dieser Sichtweise treu zu bleiben.[7] Heute halten viele seiner Anhänger an der Vorstellung fest, dass der Mensch mehr wert sei als andere Tiere, obwohl dies keinen Sinn ergibt – es sei denn, man glaubt an die Existenz einer kosmischen Wertehierarchie.

Im daoistischen Denken dagegen sind Menschen in keiner Weise etwas Besonderes. Wie alle anderen Lebewesen sind sie letztlich »Strohhunde«: »Himmel und Erde sind nicht menschenfreundlich; sie nehmen die zehntausend Wesen für Strohhunde«, schreibt Laozi.[8] Wie der Name sagt, waren Strohhunde aus Stroh gebastelte Hunde – angefertigt, um bei Ritualen verbrannt zu werden. Das Universum hat keine Lieblinge, und das menschliche Tier ist nicht sein Endzweck. Als Prozess endloser Veränderung hat das Universum keinen Endzweck.

In der zentralen westlichen Tradition rangiert der Mensch höher als andere Tiere, weil er zum bewussten Denken befähigt ist. Für Aristoteles besteht das beste Leben in der intellektuellen Betrachtung des Kosmos, für Christen in der

Liebe zu Gott. Sowohl für Aristoteles als auch für die Christen ist bewusste Wahrnehmung also integraler Bestandteil eines guten Lebens. Für Daoisten dagegen ist das dem Menschen eigene Bewusstsein seiner selbst das größte Hindernis für ein gutes Leben.

Für Aristoteles sollte ein Mensch am besten so sein wie er selbst: männlich, Sklavenbesitzer, Grieche und der Forschung verschrieben. Diese Sichtweise, mit der er, wie es fast alle Philosophen tun, die lokalen Vorurteile seiner Zeit rechtfertigte, wies zugleich ein noch fundamentaleres Defizit auf: Sie ging davon aus, dass das beste Leben für alle Menschen das gleiche sei – zumindest im Prinzip. Gewiss, die meisten konnten es nicht erlangen, aber das bewies nur ihre Unterlegenheit gegenüber denen, die es konnten. Die Möglichkeit, dass Menschen auf viele verschiedene Weisen gedeihen könnten, die sich zu keiner Werteskala anordnen ließen, kam Aristoteles genauso wenig in den Sinn wie der Gedanke, dass andere Tiere auf eine Weise gut leben könnten, zu der Menschen nicht fähig sind.

Erfrischenden Kontrast bietet einmal mehr der Daoismus. Weder stuft er menschliche Leben nach ihrem Wert ein, noch glaubt er, dass andere Tiere umso besser leben, je ähnlicher sie dem Menschen werden. Jedes einzelne Tier, jedes einzelne Lebewesen, hat seine eigene Form guten Lebens.

Im westlichen Denken kommt dieser Sichtweise am ehesten Baruch de Spinozas Vorstellung vom *conatus* nahe – vom Streben der Lebewesen, ihre Aktivität in der Welt zu erhalten und zu steigern. Der Neurowissenschaftler Antonio Damasio, der bei Spinoza (1632–1677) Vorwegnahmen neuerer wissenschaftlicher Entdeckungen zur Einheit von Körper und Geist zu finden glaubt, zitiert einen Satz aus Spinozas *Ethik* (1677), um diese Vorstellung zu verdeutlichen:

Das Zitat stammt aus dem IV. Teil der *Ethik,* Lehrsatz 18, und lautet, »dass die Grundlage von Tugend [...] dieses Streben [*conatus*] ist, das eigene Sein zu erhalten, und das Glück darin besteht, dass der Mensch imstande ist, sein Sein zu erhalten«. [...] Bevor wir unsere Überlegungen fortsetzen, müssen wir kurz auf die von Spinoza verwendeten Begriffe eingehen. Wie oben erwähnt, lässt sich das Wort *conatus* wiedergeben als Bestreben, Bemühen oder Drang. Spinoza hatte wohl diese Bedeutungen im Sinn und dachte vielleicht an eine Kombination aller drei. Außerdem bedeutet das Wort *virtus* nicht nur Tugend oder Sittlichkeit, sondern auch Stärke und Tatkraft. [...] Darin liegt also aus heutiger Sicht die Schönheit dieses von mir so geschätzten Zitats: Es enthält den Entwurf zu einem System ethischen Verhaltens auf neurobiologischer Grundlage.[9]

Die Mehrdeutigkeiten, auf die Damasio hinweist, sind kein Zufall. Sie zeugen von Spinozas Ringen, eine radikal neue Philosophie in traditionellen Begriffen zu formulieren.

Dass Spinoza so schrieb, kann mehrere Gründe gehabt haben. Wie Montaigne, so stammte auch er aus einer jüdischen Familie, die von der iberischen Halbinsel geflohen war, um der Verfolgung durch die Inquisition und der Zwangskonversion zum Christentum zu entgehen. Mutiger als Montaigne, wurde Spinoza 1656 aus der zentralen Synagoge in Amsterdam ausgeschlossen, weil seine Glaubensgenossen einige der Gedanken, die er ihnen gegenüber geäußert hatte und die postum in der *Ethik* veröffentlicht wurden, als ketzerisch empfanden. Einige Jahre nach diesem Bann erhielt er einen Ruf an die kurpfälzische Universität Heidelberg, den er jedoch ablehnte, da er befürchtete, seine Freiheit, zu denken und zu schreiben, könnte durch eine Professur beeinträchtigt werden. Stattdessen verdiente er sich einen bescheidenen Lebensunterhalt als Linsenschleifer – eine Tätigkeit, die sein Leben verkürzt haben könnte.

Spinozas Kritiker betrachteten seine Ansichten zu Recht als ketzerisch. Für ihn war Gott nicht die Kraft, die das Universum erschaffen hatte, sondern eine unendliche Substanz, *Deus sive Natura*, Gott oder Natur, die sich selbst trage und ewig sei. Und da Gott das Universum selbst sei, könnten menschliche Werte nicht von einem Gott abgeleitet werden, der es erschaffen habe. Spinozas mehrdeutige Sprache mag ein Versuch gewesen sein, diese Philosophie denjenigen schmackhafter zu machen, die ihn ausgeschlossen hatten. Möglich aber auch, dass er das Ausmaß unterschätzte, in dem seine Philosophie die traditionellen Glaubensvorstellungen untergrub. Manchmal scheint er von dem, was an seinem Denken am originellsten war, abgerückt zu sein.

Der britische Philosoph Stuart Hampshire, der sich viele Jahre lang eingehend mit Spinozas Philosophie befasst hat, hat den Begriff des *conatus* wie folgt erläutert:

> Wie jedes andere identifizierbare einzelne Ding in der natürlichen Ordnung versucht auch jeder Mensch mit der für ihn charakteristischen Aktivität, sich selbst und seiner besonderen Natur als Individuum zu dienen und seine Kraft und seine Aktivität in Bezug auf seine Umwelt zu steigern. Dieses Streben (*conatus*), die innere Kraft der Selbsterhaltung, ist das, was jedes Individuum zu einem solchen macht. [...]

Die natürliche Tendenz oder der *conatus* eines Menschen besteht nicht darin, sich zu einem guten oder gar vollkommenen Exemplar seiner Art zu machen, in seiner Tätigkeit ein allgemeines Ideal der Menschheit zu verwirklichen, sondern darin, sich, dieses Individuum, als aktives Wesen zu erhalten, das in seiner Tätigkeit so unabhängig wie möglich ist. Der Mensch hat Tugend erlangt und das erreicht, was er notwendigerweise erreichen will, wenn er in seiner Tätigkeit verhältnismäßig frei und selbstbestimmt ist.[10]

Für Spinoza ist »gut«, was dieses Bestreben fördert, »böse«, was es behindert. Werte sind keine objektiven Eigenschaften der Dinge, aber sie sind auch nichts rein Subjektives. Die Tugend eines Individuums ist das, was sein Wirken in der Welt erweitert und ihm Dauer verleiht. Die allermeisten Menschen aber kennen weder sich selbst noch ihren Platz in der Welt. Infolgedessen irren sie sich oft in der Art, wie sie leben.

Mit diesem Verständnis von Gut und Böse, so Hampshire, »stellt Spinoza das Studium der Ethik in der damals vorherrschenden christlichen und jüdischen Tradition als ungeheuren Irrtum dar: als die Jagd nach einer schädlichen Illusion«.[11] Die Illusion basiert zum Teil auf dem Glauben an den freien Willen. Traditionelle Moraltheorien gehen davon aus, dass uns immer verschiedene Handlungsmöglichkeiten offenstehen. Doch Spinoza zufolge (wie auch laut einigen zeitgenössischen Theorien der Neurowissenschaften) ist das, was wir für unsere Entscheidungen halten, Ergebnis komplexer Ursachen, die in unserem Organismus wirken.[12] Unsere Gedanken und Entscheidungen lassen sich nicht von unserem Körper trennen, der unabhängig von dem funktioniert, was wir für unser Bewusstsein und unseren Willen halten. Die Erfahrung, abzuwägen und sich für eine Option zu entscheiden, ist ein Nebenprodukt des Widerstreits zwischen unseren Wünschen. Der freie Wille ist die Empfindung, noch nicht zu wissen, was man tun wird. In Wirklichkeit kommen wir nicht um den Versuch herum, unsere Macht zu erhalten und zu erweitern, obwohl dies aufgrund der Phantasien, die den menschlichen Verstand vernebeln, vielleicht nicht möglich ist.

Spinoza glaubte, dass alles im Universum so sei, wie es sein müsse. Nichts sei zufällig. Daher lehnte er auch die Vorstellung vom freien Willen ab. Man braucht Spinozas metaphysische Sichtweise aber gar nicht zu akzeptieren, um zu begreifen, wie fundamental er die traditionelle Moralvorstellung infrage stellte. Man braucht auch nicht den Gedanken zu akzeptieren, dass alles, was existiere, versuche, weiter zu existieren. Spinozas Ethik geht letztlich nur davon aus, dass sich Lebewesen als die individuellen Organismen zu behaupten versuchen, die sie sind.

Das unterscheidet diese Ethik fundamental sowohl von der klassischen, von Aristoteles vertretenen Auffassung, dass alles danach strebe, ein vollkommenes Exemplar seiner Art zu sein, als auch von der monotheistischen Anschauung, wonach Menschen das gute Leben erlangen, indem sie sich der Vollkommenheit eines göttlichen Wesens nähern. Hat man diese traditionellen Überzeugungen einmal aufgegeben, wird man nicht mehr auf die Idee kommen, Menschen seien einzigartig, weil sie selbst entscheiden könnten, was für sie das Gute sei. Man wird vielmehr denken, dass Menschen das Gute erstreben, nach dem ihre Natur verlangt – und dass sie darin anderen Geschöpfen gleichen.

Was Menschen antreibt, ist ihr Streben nach Selbsterhaltung. Aber weil ihr Verstand verwirrt ist, handeln sie oft selbstzerstörerisch. Abhilfe, so Hampshire in der folgenden Spinoza-Paraphrase, könnte ein Denken zweiter Ordnung schaffen:

> Der zentrale Selbsterhaltungstrieb, der zum Teil meine anderen Begierden bestimmt, deckt sich genau mit einer universalen und unveränderlichen Eigenschaft individueller physischer Dinge. Meine vernünftigen Überlegungen haben meine Wünsche erster Ordnung zum Gegenstand, und die Aktivität des Denkens ist in einer entsprechenden Aktivität im Gehirn verkörpert. Beim Reflektieren, bei dem ich Vorstellungen über Vorstellungen bilde, bewerte ich den Wunsch oder einen anderen Gedanken positiv oder negativ, bejahe oder verneine ihn oder setze das Urteil über ihn aus. Das Reflektieren ist eine Aktivität des Geistes, seine Selbstbehauptung gegenüber den Inputs äußerer Dinge.[13]

In Wahrheit kann kein Mensch die Freiheit des Geistes erlangen, die Spinoza bei einigen wenigen für möglich hielt. Seine Vorstellung, reflektierendes Denken könne den Geist von der Phantasie befreien, war selbst pure Phantasie. Spinozas »notwendige Wahrheiten«, an denen man, so Hampshire in einer weiteren Spinoza-Paraphrase, festhalten solle, »als wären sie Flöße in einer rauen See«,[14] waren Hirngespinste, und sein metaphysisches Rettungsfloß war undicht.

Noch in seinem Bruch mit dem traditionellen Moralverständnis knüpfte Spinoza an die Tradition rationalistischen

Denkens an, nach der das bewussteste Leben das beste sei. Ein gespaltenes Bewusstsein, glaubte er, könne ganz werden, indem es sich mit der Vernunft identifiziere, die im Kosmos verkörpert sei. Wenn die kosmische Vernunft aber eine Schöpfung der menschlichen Phantasie ist, wird reflektierendes Denken – das Nachdenken über die eigenen Denkprozesse – die innere Spaltung nur vertiefen.

Der Fehler des Rationalismus ist der Glaube, Menschen könnten durch Anwendung einer Theorie leben. Dabei kann Theorie – der Begriff ist von dem griechischen Wort *theorein* abgeleitet, das »anschauen« bedeutet – das praktische Wissen, wie man richtig lebt, nicht ersetzen. Platon hat die westliche Philosophie in die Irre geführt, als er das Wissen um das Gute in Begriffen der visuellen Erfahrung darstellte. Wir können zwar etwas betrachten, ohne es zu berühren; aber so gelingt das gute Leben nicht. Wir erkennen es nur, indem wir es leben. Wenn wir zu viel darüber nachdenken und es zum Gegenstand einer Theorie machen, kann es sich auflösen und verschwinden. Anders als Sokrates behauptet hat, kann ein stets reflektiertes Leben eines sein, das nicht lebenswert ist.

Spinoza hat Platons Auffassung erneuert, dass ein Leben sich umso mehr der Vollkommenheit nähere, je bewusster es werde. Aber wenn der Wert eines Lebens der ist, den es für das Lebewesen hat, das es lebt, dann ist jede solche Werthierarchie bedeutungslos. Gut zu leben bedeutet nicht, immer bewusster zu werden. Das beste Leben ist für jedes Lebewesen dasjenige, in dem das Lebewesen es selbst ist.

Dies widerspricht auch der romantischen Anschauung, wonach jede und jeder eine einzigartige Individualität herausbilden solle. Den Romantikern zufolge gestalten die

Menschen ihr Leben so, wie Künstler ihre Werke schaffen, und der Wert jedes Kunstwerks hängt davon ab, wie originell es ist. Mit diesem Gedanken griffen die Romantiker auf die biblische Vorstellung von der Schöpfung aus dem Nichts zurück, die im antiken griechischen Denken nicht zu finden ist. Romantik ist eines der vielen modernen Surrogate des Christentums.

Eine spinozistisch-daoistische Ethik unterscheidet sich davon vollkommen. Ihr zufolge sind Menschen wie andere Tiere: Ein gutes Leben wird nicht von ihren Gefühlen bestimmt. Ihre Gefühle werden davon bestimmt, wie gut sie ihre Natur verwirklicht haben.

Für viele Menschen heute könnte keine Art zu leben bedrückender sein. Die zeitgenössische Kultur lehnt die Idee der Natur aus demselben Grund ab, aus dem sie die Idee von Gott ablehnt: Beide setzen dem menschlichen Willen Grenzen. Der moderne Humanismus hält es mit den Romantikern, die die Natur zwar idealisierten, sie aber gleichwohl als minderwertig gegenüber dem Besten betrachteten, das der Mensch schaffen könne. Für diese unwissenden Post-Christen bedeutet frei zu sein, gegen die Natur zu rebellieren, einschließlich ihrer eigenen. Spinoza und die Daoisten dagegen hielten jede solche Rebellion für selbstzerstörerisch. Wenn Menschen versuchten, ihre Macht in der Welt zu erhalten und zu vergrößern, verhielten sie sich genauso wie andere Lebewesen. Sie alle würden von ihrem *conatus*, dem Streben nach Selbstbehauptung jedes Lebewesens, beherrscht.

Bei Spinoza und im Daoismus erlaubt Macht, das zu sein, was man ist. Das träge Faultier, das seine Tage durchschlummert, behauptet damit seine Macht genauso wie der Tiger beim Töten. In diesem Sinne Macht auszuüben bedeutet nicht, andere Lebewesen zu beherrschen. Wenn ethisches Verhalten für Sie aber darin besteht, Ihre individuelle Natur zu bejahen, dann haben Sie die Moral, wie sie von Monotheisten und Humanisten verstanden wird, vielleicht hinter sich gelassen.

Spinoza hielt zum Beispiel Mitleid für eine Untugend. »Mitleid in einem Menschen, der nach der Leitung der Vernunft lebt«, heißt es in der *Ethik*, »ist an sich schlecht und nutzlos.« Denn Mitleid sei eine Form von Schmerz, und Schmerz sei nicht gut. Wir dürften handeln, um das Leiden von jemandem, den wir bemitleiden, zu lindern, aber nur, wenn die Vernunft dies verlange. Spinoza kommt zu dem Schluss,

> dass ein Mensch, der nach der Vorschrift der Vernunft lebt, so viel er kann, strebt, nicht von Mitleid berührt zu werden.
>
> Wer richtig weiß, dass alles aus der Notwendigkeit der göttlichen Natur folgt und gemäß den ewigen Gesetzen und Regeln der Natur sich ereignet, wird gewiss nichts finden, was Hass, Gelächter oder Verachtung verdient, noch wird er jemanden bemitleiden. [...] Hinzu kommt, dass, wer leicht mitleidig wird und sich von des anderen Unglück oder Tränen bewegen lässt, oft etwas tut, das er später bereut, zum einen, weil wir aus einem Affekt heraus nichts tun, von dem wir wissen, dass es unbestreitbar gut ist, zum anderen, weil wir uns leicht von falschen Tränen täuschen lassen.[15]

Spinozas Ethik unterscheidet sich von der traditionellen Moral dadurch, dass sie nicht aus Regeln oder Gesetzen besteht, die auf eine menschliche oder göttliche Autorität zurückgehen. Außerdem hat sie ein anderes Verständnis von Tugenden und Untugenden. Mitleid ist für Spinoza eine Untugend, weil es eine Ursache für Kummer sei und die Lebenskraft erschöpfe. Auch die daoistische Ethik hält es nicht mit üblichen Moralvorstellungen. Neben dem Weg des Weisen erkennt sie auch den des Tyrannen oder des Mörders, des Kriegers oder des Kriminellen an sowie den Weg der großen Mehrheit der Menschen, die ihr Leben damit verbringen, sich gegen die Umstände zu wehren. Manche seien auf Selbstbehauptung aus, andere auf Selbstzerstörung. Manche gäben Leben, andere nähmen Leben. Die Wege der Menschen seien genauso rücksichtslos wie der Weg selbst.

Das ist weit entfernt vom »Willen zur Macht«, der im Europa des späten 19. und frühen 20. Jahrhunderts so gern beschworen wurde. In einigen seiner späteren Werke kokettierte Friedrich Nietzsche (1844–1900) mit der Idee, dass alles in der Welt ein Kampf um Macht sei. Nietzsche bewunderte Spinoza und behauptete, viel von ihm gelernt zu haben, aber Nietzsches Wille zur Macht ist nicht die Kraft, die Spinoza in jedem einzelnen Ding am Werke sah. Er ist vielmehr eine umgekehrte Version des universalen Willens zum Leben in der Philosophie seines frühen Lehrmeisters Schopenhauer. Der Unterschied besteht darin, dass Schopenhauer das Leiden beklagte, das der Wille zum Leben mit sich bringe, während Nietzsche den Kampf verherrlichte, den er zur Folge habe.

Vor Nietzsche hatte der englische Philosoph Thomas Hobbes (1588–1679) behauptet, die Menschen würden von einem unstillbaren Verlangen nach Macht angetrieben. Er halte, schrieb Hobbes, »ein fortwährendes und rastloses Verlangen nach immer neuer Macht für einen allgemeinen Trieb der gesamten Menschheit, der nur mit dem Tode endet«.[16] Hobbes glaubte, dass dieses Verlangen von der Furcht vor anderen Menschen und insbesondere vor einem gewaltsamen Tod durch deren Hand herrühre. Ein solcher Tod sei für Menschen das *summum malum*, das größte Übel.

Mit seiner Darstellung der Menschen im Naturzustand – einem mythischen Konstrukt, das für das Fehlen von Ordnung in der Gesellschaft stand – kam Hobbes den Realitäten des menschlichen Lebens näher, als seine Kritiker zugeben wollen. Krieg ist ebenso natürlich wie Frieden, und im Lauf der Geschichte hat es viele Zeiten gegeben, in denen Gewalt normal war. Hobbes glaubte, die Menschen könnten diesen Zustand durch Einsetzung eines Souveräns verhindern, der die Ordnung in der Gesellschaft aufrechterhalte. Aber die Angst vor einem gewaltsamen Tod ist nicht der stärkste menschliche Impuls. Wir leben nicht nur, um das Sterben hinauszuschieben. Die eigene Natur zu bejahen kann sogar bedeuten, den Tod herauszufordern. Menschen nehmen ihn bereitwillig in Kauf, um Personen oder Dinge, die sie lieben, zu schützen. Bloßes Überleben ist eine erbärmliche Art zu leben, und zum Sterben bereit zu sein ist nicht gegen die Natur. Wie Sie in Kapitel 5 sehen werden, sind Menschen auch bereit, für eine Idee, mit der sie sich identifiziert haben, zu sterben – und zu töten.

Spinozas Verständnis des Suizids ist faszinierend: Da alles versuche, als das Einzelne, das es ist, weiterzubestehen, könne niemand wirklich aufhören wollen, zu existieren. Niemand wolle sein Leben beenden. Ein Selbstmörder sei vielmehr jemand, der von der Welt getötet werde. Spinoza hat dies in der *Ethik* so formuliert: »Kein Ding kann anders als von einer äußeren Ursache zerstört werden.«[17] Aus einem anderen Blickwinkel betrachtet, begehen Menschen Selbstmord, wenn sich ihr *conatus* gegen sich selbst wendet.

Spinoza glaubte, dass Menschen – wenn sie vollkommen vernünftig wären – vermeiden könnten, überhaupt an den Tod zu denken. In einer berühmten Passage der *Ethik* heißt es: »Ein freier Mensch denkt an nichts weniger als an den Tod; und seine Weisheit ist ein Nachdenken über das Leben, nicht über den Tod.« Spinoza glaubte, die Wahrheit dieses Satzes beweisen zu können:

> Beweis: Ein freier Mensch, d. h. ein solcher, der bloß nach dem Gebot der Vernunft lebt, lässt sich nicht von Furcht vor dem Tod leiten […], sondern begehrt unmittelbar das Gute […]; d. h. […] er begehrt zu handeln, zu leben und sein Sein zu erhalten auf der Basis, den eigenen Vorteil zu suchen. Mithin denkt er an nichts weniger als an den Tod; seine Weisheit ist vielmehr ein Nachdenken über das Leben. W. z. b. w.[18]

Spinozas Beweis ist unrealistisch. Wir können den Gedanken an den Tod zwar verdrängen, wie wir es mit vielen unserer Gedanken tun, aber das lässt ihn nur in einem abgedunkelten Bereich unseres Geistes lauern. Einen Menschen, der nicht an den Tod denkt, gibt es nicht.

—

SELBSTLOSER EGOISMUS

Wir werden in dem Glauben erzogen, moralisch sein in seiner höchsten Form sei gleichbedeutend mit Altruismus, das heißt Selbstlosigkeit oder ein Leben für andere. Empathie ist in dieser Tradition das Herzstück guten Lebens. Katzen dagegen lassen – außer wenn es um ihre Kätzchen geht – kaum Anzeichen dafür erkennen, dass sie mit anderen Lebewesen fühlen. Sie spüren vielleicht, wenn ihre menschlichen Gefährten Kummer haben, und bleiben bei ihnen, wenn sie in Schwierigkeiten sind. Auch mögen sie Kranken und Sterbenden Beistand leisten. Aber in keiner dieser Rollen opfern sich Katzen auf. Trost verschaffen sie Menschen allein durch ihre Anwesenheit.

Da Katzen Raubtiere sind, wäre ein hoch entwickelter Sinn für Empathie für sie problematisch. Darum fehlt ihnen diese Fähigkeit. Und darum irrt auch die landläufige Meinung, Katzen seien grausam. Grausamkeit ist eine negative Form von Empathie. Wenn man nicht mit anderen fühlen kann, kann man sich auch nicht an ihrem Schmerz erfreuen. Die Menschen, die im Mittelalter Katzen quälten, haben diese Fähigkeit zu negativer Empathie bewiesen. Wenn Katzen dagegen mit einer gefangenen Maus spielen, genießen sie deren Qualen nicht. Ihre Beute zu triezen ist Ausdruck ihrer Jägernatur. Statt Lebewesen zu quälen, die in ihrer Gewalt sind – eine spezifisch menschliche Vorliebe –, spielen sie mit ihnen.

Die Verbindung zwischen Altruismus und dem guten Leben mag selbstverständlich erscheinen, ist aber ein Novum in der Ethik. Fürsorge für andere wird unter den Werten der alten Griechen nicht sehr oft erwähnt. Bei Aristoteles findet sich nichts über Selbstaufopferung; wenn der »großgesinnte Mann«[19] nicht den Kosmos betrachtete, verbrachte er seine Zeit damit, sich selbst zu bewundern. Auch im frühen Buddhismus, in dem es darum ging, die Illusion des Selbst abzulegen, um einen Zustand völliger Seelenruhe (*nirvana*) zu erreichen, war Altruismus keine erstrangige

Tugend. Buddha scheint geglaubt zu haben, nur Menschen könnten diese Befreiung erreichen. Dagegen gab es in früheren indischen Traditionen, die Teil der heute als Hinduismus bezeichneten Praktiken sind, den Glauben, dass jedes Lebewesen Freiheit erlangt, wenn es sich entsprechend seiner Natur verhält. Diese Traditionen stehen hierin dem Daoismus also näher als dem Buddhismus. Für Buddha bedeutete Befreiung den Verzicht auf das Selbstsein, aber das Ziel war immer noch, *sich selbst* zu befreien. Erst später in der Geschichte des Buddhismus kam die Vorstellung auf, ein erwachtes Individuum (*bodhisattva*) könne in einem höchsten Akt der Selbstlosigkeit auf das Nirwana verzichten, um für die Befreiung aller fühlenden Wesen wiedergeboren zu werden.

Was das Christentum betrifft, so hat ein »gutes« Leben nicht immer darin bestanden, anderen zu helfen. Der russische Religionsphilosoph Konstantin Leontjew (1831–1891), der in seinen späteren Jahren in ein orthodoxes Kloster eintrat und als Mönch starb, betrachtete das Christentum als eine Form von »transzendentalem Egoismus« – als eine Lebensweise, die sich auf die individuelle Erlösung konzentriere.[20] Das Christentum wird gemeinhin als Religion der Liebe bezeichnet, aber die Liebe, von der christliche Mystiker sprechen, ist die Liebe zu Gott. Menschen empfangen Liebe als Gottes Kinder, aber wenn sie vom rechten Weg abkommen, riskieren sie die Verdammnis. Für die christliche Religion ist universale Liebe genauso wenig bestimmend wie für den Buddhismus.

Es gibt heute Philosophen, die meinen, das beste Leben sei dasjenige, das am meisten Gutes tue. In Weiterentwicklung der utilitaristischen Philosophie, die im 19. Jahrhundert von Denkern wie Jeremy Bentham vertreten wurde, glauben sie, dass das beste Leben das Gemeinwohl maximiere – was oft als Befriedigung der Wünsche all derer definiert wird, die von den eigenen Handlungen betroffen sind. Es kommt diesen Vertretern des »effektiven Altruismus« nicht in den Sinn, zu fragen, ob das gute Leben zu leben und das meiste Gute zu tun ein und dasselbe sind.[21] Schließlich ist es nur ein historischer Zufall, dass das eine heute mit dem anderen gleichgesetzt wird. Hätte das Christentum nicht triumphiert und wäre der Westen noch von einer Version der griechisch-römischen Ethik beherrscht, würden nur wenige so denken.

Altruismus ist eine moderne Idee. Das Wort wurde von dem französischen Soziologen Auguste Comte (1798–1857) geprägt und sollte den Kern der von ihm erfundenen und propagierten Religion der Menschlichkeit definieren. In dieser vermeintlich wissenschaftlichen Religion war ein gutes Leben eines, das der »Menschheit« diente, nicht irgendeinem göttlichen Wesen. Der Altruismus, den zu praktizieren Comte seine Schüler ermahnte, sollte allerdings nicht einem real existierenden menschlichen Wesen zugutekommen. Der Nutznießer – die aufgeklärte Spezies, von der er glaubte, sie werde entstehen – war vielmehr genauso eine Schöpfung der menschlichen Phantasie wie die Gottheit, an deren Stelle sie trat, und womöglich noch weniger wert, dass jemand an sie glaubte.

Comtes weltliche Religion, die heute fast vergessen ist, hatte enormen Einfluss auf die Gleichsetzung von moralischem Handeln mit Altruismus. In den letzten Jahrzehnten sind Hunderte von Büchern erschienen, die behaupten, moralisches Handeln könne mit der Evolution erklärt werden. Sie alle setzen als selbstverständlich voraus, dass moralisches

Verhalten im Wesentlichen altruistisch sei. Doch diese Annahme ist kulturell und historisch voreingenommen: Die christlich-humanistische Vorstellung vom guten Leben als einem Leben für andere ist nur eine von vielen, in denen Menschen Erfüllung gefunden haben.

Dennoch ist die Gleichsetzung von moralischem und altruistischem Handeln so tief in das populäre und das wissenschaftliche Denken eingedrungen, dass von der Ethik gesagt werden konnte, sie ziele »auf Behebung von störenden Altruismusfehlern«.[22] In der Biologie bezieht sich der Begriff Altruismus auf kooperatives Verhalten, meist innerhalb von Gruppen. Nachdem sie gezeigt haben, dass Altruismus evolutionäre Funktionen erfüllt, glauben einige Philosophen, das ethisch ausgerichtete Leben bei Menschen erklärt zu haben. Aber sie haben nur eine verwässerte Version der christlichen Moral dargestellt, umformuliert in den pseudo-darwinistischen Begriffen des modernen säkularen Intellektuellen.

Weder Spinoza noch der Daoismus sahen im guten Leben ein Leben für andere. Gleichzeitig verbanden sie mit Selbstverwirklichung jedoch eine Form von Ichlosigkeit. Wie Paul Wienpahl, ein amerikanischer Philosoph und Spinoza-Spezialist, der lange auch Zen-Meditation praktiziert hat, hervorhebt, hatte schon der französische Philosoph und Skeptiker Pierre Bayle (1647–1706) diese Nähe von Spinozismus und Zen-Buddhismus erkannt. Wienpahl schreibt:

> Der erste mir bekannte Hinweis auf eine Ähnlichkeit zwischen Spinozas Philosophie und dem Chan- oder Zen-Buddhismus findet sich in Pierre Bayles Wörterbuch, in dem Eintrag über Spinoza, in dem Bayle den Spinozismus mit der »Theologie einer Sekte der Chi-

nesen« in Verbindung bringt. Wenn man seine Beschreibung liest, wird einem klar, dass er sich auf jesuitische Berichte über Chan-Buddhisten bzw. die von den Jesuiten so genannten Anhänger von Foe Kaio (Kein Mensch) bezog. In dieser Notiz sagte Bayle, dass es bei Spinoza nichts Neues gebe, da »die Theologie einer Sekte der alten Chinesen« ebenfalls auf der unergründlichen Vorstellung des Nichts basiere. [...] Für Bayle bedeutete das, dass alles Substanzielle aus der Wirklichkeit verschwunden sei.[23]

Wienpahl führt weiter aus, dass eine zentrale Vorstellung im Zen die Nichtigkeit des Selbst sei. Die Zen-Schule entstand in China als Ergebnis einer wechselseitigen Beeinflussung von Buddhismus und Daoismus, die die Einsicht teilen, dass das menschliche Selbst illusorisch ist.

Ein weiterer Gelehrter, der eine Nähe zwischen der spinozistischen und der daoistischen Ethik erkannt hat, ist der Norweger Jon Wetlesen. In seinem Buch *The Sage and the Way: Spinoza's Ethics of Freedom* heißt es, dass es im Daoismus »nicht darauf ankommt, zu werden, was man nicht ist, sondern darauf, zu sein, was man ist«: »Dies erfordert keinerlei Tun des zeitlichen Ichs, sondern eine Auflösung des Ichs.«[24] Dieselbe Unterscheidung zwischen dem Ich und der wahren Natur des Individuums glaubt Wetlesen bei Spinoza zu finden.

Eine Ethik, nach der man seine individuelle Natur verwirklicht, unterscheidet sich von jedweder Ethik der Selbsterschaffung. Das Selbst, mit dem sich Menschen identifizieren, ist eine Konstruktion der Gesellschaft und der Erinnerung. Menschen gewinnen im Säuglings- und Kindesalter ein Bild von sich und suchen fortan ihr Glück darin, dieses Selbstbild zu bewahren und zu stärken. Aber das Bild, das sie von sich haben, entspricht nicht der Wirklichkeit ihres Körpers oder ihres Lebens, und ihm nachzujagen kann nicht zu Erfüllung, sondern nur zu Frustration führen.

Andere Tiere teilen ihr Leben nicht mit einem solchen Phantom. Die meisten haben gar kein Bild von sich selbst. Selbsterhaltung bedeutet für sie, dass ihr lebendiger Körper, nicht ein imaginäres Selbst fortbesteht. Sie sind keine Schattenselbste, die ihre Gedanken und Impulse analysieren, als gehörten diese einem anderen Wesen. Wenn sie agieren, dann ohne das menschliche Gefühl, dass es eine separate Entität in ihnen – ein Geist, ein Selbst – ist, die agiert.

In ihrem »Mangel« an einem trügerischen Selbstbild sind Katzen exemplarisch. Sie gehören nicht zur auserwählten Gruppe jener Tierarten, die den 1970 von dem amerikanischen Psychologen Gordon Gallup Jr. entwickelten Spiegeltest bestanden haben. Bei diesem Test wird das Tier an einer Körperstelle, die für es selbst nur in einem Spiegel sichtbar ist, mit einer Markierung, oft einem farbigen Punkt, versehen. Wenn das Tier versucht, die Stelle mit dem farbigen Punkt zu berühren, gilt das als Beweis dafür, dass es ein Bewusstsein seiner selbst hat. Menschen, Schimpansen, Bonobos und Gorillas haben den Test bestanden, ebenso Wale wie Delfine und Orcas sowie einige Vögel, z. B. Elstern. Andere Rabenvögel sowie Schweine und Makaken haben in dem Test partielles Selbstbewusstsein in diesem Sinne bewiesen.

Katzen reagieren auf ihr Spiegelbild gleichgültig oder so, als sähen sie ein anderes Tier ihrer Art. Von einigen Katzen wurde berichtet, sie seien verstört gewesen, als Menschen über sie lachten, und einige Rassen – etwa Siamkatzen – stehen in dem Ruf, eitel zu sein. Vielleicht aber sind diese Katzen gar nicht verstimmt darüber, wie sie wahrgenommen werden, sondern deuten die menschliche Reaktion auf sie als feindlich oder gefährlich. Um es zu wiederholen: Katzen können in Gesellschaft anderer Katzen kokett oder bedrohlich sein, aber sie polieren kein Bild auf, das sie sich von sich selbst gemacht haben. Wollen sie einem Partner den Hof machen oder ihr Revier verteidigen, sorgen sie dafür, dass andere Katzen ein Bild von ihnen haben.

Studien zeigen, dass Katzen zwar wohl ihren Namen erkennen, sich aber nicht immer zu einer Reaktion herablassen, wenn sie gerufen werden.[25] Die Geschichte ihrer Interaktion mit Menschen hat sie nicht so abhängig gemacht, dass sie auf den Namen reagieren müssten, unter dem Menschen sie kennen. Im Gegensatz zu Hunden haben sie keinerlei menschliches Selbstverständnis erworben. Gewiss unterscheiden sie zwischen sich und einer Welt außerhalb von ihnen. Aber nicht ein Ich oder Selbst in ihnen interagiert mit der Welt, sondern die Katze selbst.

Die Ethik der Katzen ist eine Art selbstloser Egoismus. Katzen sind insofern Egoisten, als sie sich nur um sich selbst und um andere, die sie lieben, kümmern. Sie sind aber selbstlos insofern, als sie kein Bild von sich haben, das sie zu bewahren und zu verbessern suchen. Katzen sind nicht egoistisch, sondern selbstlos sie selbst.

Traditionelle Moralisten werden sich schon gegen die bloße Vorstellung, es könne eine Katzenethik geben, wenden: Wie kann ein Lebewesen moralisch sein, wenn es den Unterschied zwischen richtig und falsch nicht begreifen kann? Moralisch kann zweifellos nur ein Verhalten sein, das diesem Unterschied Rechnung tragen soll. Was man tut, muss einen

Grund haben, den man kennen kann; andernfalls kann es kein moralisches Verhalten geben.

So räsoniert der gesunde Menschenverstand. Wenn aber das die Voraussetzung für moralisches Verhalten ist, dann können auch Menschen nicht moralisch sein. Gewiss, sie mögen sich das eine oder andere Prinzip ausdenken und dann versuchen, sich daran zu halten. Aber warum sie so handeln, wie sie es tun, davon haben sie bestenfalls eine blasse Ahnung. Und wieso dieses Prinzip? Wieso nicht ein anderes? Wenn zwei oder mehr Prinzipien einander widersprechen, wie können die Menschen sich dann zwischen ihnen entscheiden? Wenn sie einen Grund finden, so zu handeln, wie sie es tun, woher wissen sie dann, dass *er* sie zum Handeln bewegt hat? Menschen entscheiden sich ebenso wenig für »moralisches« Handeln, wie sie sich dafür entscheiden, zu niesen oder zu gähnen. Philosophien, nach denen ein gutes Leben aus selbstgewähltem Verhalten besteht, sind Taschenspielereien, deren Zweck es ist, den Taschenspieler selbst zu täuschen.

Der fundamentale Irrtum ist der Glaube, ein gutes Leben sei eines, das sich nach einer Idee des Guten richte, wobei mit »Idee« hier wie bei Platon eine Art Vision gemeint ist: Nachdem wir das Gute erblickt haben, verbringen wir unser Leben mit dem Bemühen, ihm näherzukommen. Katzen tun natürlich nichts dergleichen. Sie können zwar im Dunkeln sehen, doch Geruchs- und Tastsinn sind für ihr Leben wichtiger. Ein gutes Leben ist bei Katzen eines, das sie gespürt und gerochen haben, und nicht eines, bei dem sie irgendeiner Idee folgten. Wer auf das Leiden anderer damit reagiert, dass er ihnen hilft, beweist Mitgefühl, ganz gleich, ob er mit seinem Tun einer Idee folgt oder nicht. Er kann sogar tugendhafter sein, wenn er *keine* Vorstellung davon hat, dass er mitfühlend ist. Für Mut gilt das Gleiche.

Wie bei Menschen, so ist auch bei Katzen ein gutes Leben nicht ohne bestimmte Tugenden möglich. Aristoteles hat darauf hingewiesen, dass jemand, dem es an Mut gebricht, nicht gedeihen kann, ganz gleich, welche anderen Tugenden er besitzt: Was immer er tut, es wird zu nichts führen. In ähnlicher Weise kann eine Katze, die immer ängstlich ist, nicht *gut* leben. Ob in der Wildnis oder in Siedlungen von Menschen, das Leben einer Katze ist gefährlich. Mut ist gleichermaßen eine kätzische wie menschliche Tugend. Ohne sie können weder Katzen noch Menschen gedeihen.

Ein gutes Leben ist bei keinem Lebewesen möglich ohne das, was es braucht, um seiner Natur gerecht zu werden. Das gute Leben richtet sich nach dieser Natur, nicht nach Meinungen oder Konventionen. Pascal hat bemerkt, dass Menschen insofern ungewöhnlich seien, als sie außer der Natur, die sie von Geburt an haben, eine zweite, durch Gewohnheit gebildete Natur besäßen.[26] Es ist Teil ihrer Natur, ihre zweite Natur mit der ersten zu verwechseln, und viele, die gemäß den Gepflogenheiten ihrer Gesellschaften lebten, haben deshalb schlecht gelebt. Katzen verwechseln ihre Natur nicht.

Wir können natürlich nicht wissen, wie es ist, eine Katze zu sein, so, wie wir auch nicht wissen können, wie es ist, ein anderer Mensch zu sein. Dennoch glauben wir zu Recht, dass jemand, der andere Menschen für gefühllose Maschinen hält, geisteskrank ist, während Philosophen wie Descartes, die dasselbe von anderen Tieren dachten, als Weise gefeiert wurden. Dabei ist das Innenleben von Katzen vielleicht sogar luzider und lebendiger als unseres, da sie schärfere Sinne haben und ihre wache Aufmerksamkeit nicht von Träumen getrübt ist. Das »Fehlen« eines Selbstbilds macht ihre Erfahrungen vielleicht intensiver.

Dem zielstrebigen Verhalten der Katzen nach zu urteilen, hat die ihnen eigene »conditio felina« der Selbstlosigkeit etwas mit dem Zen-Zustand des »Nicht-Denkens« gemeinsam. Jemand, der diesen Zustand erreicht, ist nicht »geist-los«. »Nicht-Denken« bedeutet Aufmerksamkeit ohne Ablenkung,[27] mit anderen Worten: völliges Aufgehen in dem, was man gerade tut. Bei Menschen stellt sich dieser Zustand selten spontan ein. Der beste Bogenschütze ist derjenige, der den Pfeil ohne nachzudenken abschießt, aber das erreicht man erst durch lebenslange Übung.[28] Katzen ist »Nicht-Denken« angeboren.

Philosophen, die anderen Tieren Bewusstsein absprechen, attestieren sich selbst einen Geisteszustand, den sie, wenn überhaupt, nur vage kennen. Das Innenleben von Menschen ist episodisch, unscharf, unzusammenhängend und zuweilen chaotisch. Es gibt kein Selbst, das sich mehr oder minder seiner bewusst ist, sondern nur ein Sammelsurium von mehr oder minder kohärenten Erfahrungen. Wir gehen fragmentiert und unzusammenhängend durch unser Leben und erscheinen immer wieder wie Geister, während Katzen, die kein Selbst haben, immer sie selbst sind.

4
—

MENSCHENLIEBE VERSUS KATZENLIEBE

Die leidenschaftlichen Bindungen der Liebe stehen im Mittelpunkt des Lebens vieler Menschen. Meistens gilt die Liebe einem anderen Menschen, zuweilen aber gilt sie auch einem nichtmenschlichen Tier, wobei diese Lieben in Konflikt miteinander geraten können. Literatur und Memoiren können die Unterschiede zwischen den beiden beleuchten.

—

SAHAS TRIUMPH

Eine Kollision von Menschen- und Katzenliebe ist das Thema des Kurzromans *Eifersucht* von Sidonie-Gabrielle Colette (1873–1954) aus dem Jahr 1933. Die Autorin entstammte einer französischen Mittelschichtfamilie im Niedergang. Als Zwanzigjährige wurde sie mit einem bekannten Schriftsteller verheiratet, der ihre literarische Begabung erkannte und sie eine Reihe von Romanen schreiben ließ, die er unter seinem Namen veröffentlichte. 1906 verließ Colette ihren Mann. In den folgenden Jahren verdiente sie sich ihren Lebensunterhalt mühsam als Bühnenkünstlerin. 1912 heiratete sie den Herausgeber einer überregionalen Zeitung. Diese Ehe wurde zwölf Jahre später geschieden – unter anderem wegen einer Affäre, die Colette mit ihrem sechzehnjährigen Stiefsohn gehabt hatte. Eine dritte Ehe, die sie 1925 einging, hielt bis zu ihrem Tod. Colette hatte auch Liebesbeziehungen zu Frauen, die sich zum Teil über viele Jahre erstreckten, und eine Leidenschaft für Katzen, die sie als notwendige Gefährten in ihrer Einsamkeit bezeichnete. Sie hörte nie für längere Zeit auf zu schreiben und wurde 1948 für den Literaturnobelpreis nominiert. Sie starb als eine der geachtetsten Autorinnen der Welt.

Colettes Biographin Judith Thurman hat über *Eifersucht* geschrieben: »In dieser Erzählung, in der die romantische Heldin eine Katze ist, schreibt Colette besonders katzenhaft – sowohl distanziert als auch sinnlich, überaus achtsam gegenüber den Vergnügungen und Ärgernissen des Fleisches, die den derberen menschlichen Sinnen abhanden gekommen sind.«[1] Die Heldin ist Saha, eine goldäugige kleine Kartäuser- oder Russisch-Blau-Katze, die bei einem verträumten jungen Mann namens Alain lebt. Von seiner Mutter ermutigt, heiratet Alain, der es mehr als alles andere genießt, im schönen Garten der verfallenden Familienvilla Zeit mit Saha zu verbringen, Camille, eine sexuell ungehemmte junge Frau von neunzehn Jahren. Immer wieder greifen die beiden »nach der Ablenkung, die die Stunden verkürzt und die Körper mühelos in verliebtes Getändel versinken lässt«.[2] Doch Alain wird Camilles schnell überdrüssig. Ihr Körper scheint ihm nun nicht mehr so schön wie zuvor, und ihr permanentes Verlangen nach Sex hat ihn erschöpft. Schon bald langweilt sie ihn. Wann immer er kann, zieht er sich mit Saha in den Garten zurück.

Camille wird immer eifersüchtiger, und eines Morgens, als Alain fort ist, wirft sie Saha aus dem Fenster der Hochhauswohnung, in der sie leben. Sahas Sturz wird durch eine Markise gebremst, so dass sie unverletzt überlebt. Der misslungene Versuch, seine Katze zu töten, ermöglicht es Alain, sich aus einer bedrückend gewordenen menschlichen Bindung zu befreien. Mit Saha in einem Korb kehrt er zu seiner Mutter zurück. Am nächsten Morgen erscheint Camille und bittet um Vergebung. Alain will davon nichts wissen. Langsam und leise sagt er zu ihr: »Eine kleine Kreatur ohne Tadel, blau wie die besten Träume, eine kleine Seele … Treu, fähig, still zu sterben, wenn das, was sie erwählt hat, ihr fehlt … Du hast das in deinen Händen gehalten, über die Leere, und du hast die Hände geöffnet … Du bist ein Ungeheuer … Ich will nicht mit einem Ungeheuer leben …«[3]

Camille ist entsetzt, für ein Tier »geopfert« zu werden. Nach einem wütenden Wortwechsel trennen sich die beiden und lassen ihre Zukunft ungeklärt. Erschöpft sinkt Alain auf einen Stuhl. Plötzlich erscheint Saha auf einem Korbtisch neben ihm. Und »während Saha wie ein Mensch den Abgang Camilles aus den Augenwinkeln hervor beobachtete, spielte Alain, halb liegend, mit geschickter Hand, die er wie eine Pfote gekrümmt hielt, mit den ersten grünen, stacheligen Augustkastanien.«[4]

Diese letzten Worte des Romans enthalten dessen zentrales Thema in nuce. Da er Saha mehr liebt als jeden Menschen, wird Alain selbst katzenartig. Obwohl sie nur schemenhaft dargestellt wird, ist die Russisch-Blau-Katze die am vollständigsten realisierte Figur der Geschichte. Camilles Eifersucht wird schonungslos enthüllt, Sahas nur angedeutet. Dass die Katze triumphieren wird, ist von Anfang an klar.

Für Katzenliebhaber ist das eine wunderbare Geschichte. Sie hat aber einen Fehler: Sahas Eifersucht. Eine Katze kann vielleicht auf eine andere Katze eifersüchtig sein – sofern das, was uns als Eifersucht erscheint, nicht nur eine Reaktion darauf ist, dass ihre Gewohnheiten durch das Eindringen der anderen Katze in ihr Revier gestört werden. Katzen sind selten eifersüchtig, wenn ein anderer Mensch in das Leben der Person tritt, mit der sie zusammenleben. Hunde dagegen können durchaus die alleinige Aufmerksamkeit und Hingabe ihres Herrn oder ihrer Herrin beanspruchen. In seinem Memoir *My Dog Tulip* aus dem Jahr 1956 hat der englische Autor und BBC-Lektor J. R. Ackerley das besitzergreifende Wesen seiner Hündin Queenie beschrieben.[5] (Für das Buch wurde der Name des Hundes geändert, mit der Begründung, er könne sonst als Hinweis auf die Sexualität des Autors gedeutet werden; dabei hat Ackerley nie verheimlicht, dass er schwul war.) Ackerleys Buch ist eine der großen Darstellungen der Liebe zwischen einem Menschen und einem nichtmenschlichen Tier, aber es hätte nicht geschrieben werden können, wäre Queenie eine Katze gewesen.

Jeder, der mit Katzen gelebt hat, weiß, dass sie es genießen können, mit uns zusammen zu sein. Wenn sie auf dem Rücken liegen und gekitzelt werden wollen, setzen sie den verletzlichsten Teil ihres Körpers einem Menschen aus, zu dem sie Vertrauen gefasst und Zuneigung entwickelt haben. Sie haben Freude an unserer Gesellschaft und daran, mit uns zu spielen. Aber sie gehen keine ausschließliche Bindung ein, wie Ackerleys Hündin Queenie es tat. Viele Katzen haben mehr als ein Zuhause, wo sie Futter und Aufmerksamkeit suchen, und jedes ist selbst gewählt. Ein Hund ist unglücklich, wenn sein engster menschlicher Begleiter eine Zeit lang fort ist. Eine Katze scheint es kaum zu bemerken, wenn der ihr vertrauteste Mensch fortgeht. Katzen mögen Menschen irgendwann lieben, aber das bedeutet nicht, dass sie sie brauchen oder sich ihnen verpflichtet fühlen.

—

MINGS GRÖSSTE BEUTE

Die amerikanische Roman- und Kurzgeschichtenautorin Patricia Highsmith (1921–1995), Erfinderin des amoralischen Mörders Tom Ripley, der in fünf ihrer Bücher und einigen auf diesen basierenden Filmen als zentrale Figur auftritt, hat auch Geschichten geschrieben, in denen misshandelte Tiere sich an Menschen rächen. Highsmiths Biograph Andrew Wilson schreibt über diese Geschichten: »Indem sie die Tiere als Subjekte behandelt und ihnen eine Stimme verleiht, bricht Highsmith mit der philosophischen Tradition des Westens, die nur den Menschen Rationalität zugesteht.«[6] In einer Geschichte geht es um eine Kakerlake, die glaubt, sie habe das gleiche Recht, sich als Gast des Hotels zu bezeichnen, in dem sie lebt, wie die Menschen, die dort logieren.

Es ist behauptet worden, Highsmith habe Ripley ihren Katzen nachempfunden; umgekehrt soll sie eine von ihnen nach ihrem psychopathischen Anti-Helden Ripley genannt haben. Doch nur Menschen können Psychopathen sein.[7] Katzen mögen manchmal teilnahmslos wirken, aber das liegt daran, dass sie ihre Gefühle nicht durch ihr Gesicht, sondern durch ihre Ohren und ihren Schwanz ausdrücken. Und durch Schnurren: Normalerweise ist das Schnurren ein Zeichen dafür, dass sie glücklich sind, aber es kann auch ein Zeichen von Kummer sein. Wie auch immer, Katzen versuchen nicht zu täuschen.

Highsmiths Sympathie für nichtmenschliche Lebewesen war tief empfunden. Als die Autorin bei einem Spaziergang in Soho auf eine verletzte Taube stieß, die im Rinnstein lag, und ihr Begleiter sie überzeugte, dass das Tier nicht zu retten sei, war sie sichtlich betrübt. Sie war auch entsetzt über die Grausamkeit der Hühnerhaltung in Legebatterien. Als sie in ihrer Wohngegend eine schwarze Katze mit kupiertem Schwanz sah, sagte sie, sie würde nicht zögern, den Täter zu erschießen. Sie hatte eine große Vorliebe für Schnecken, züchtete sie in ihrem Garten in Suffolk und trug gelegentlich mehr als hundert von ihnen zusammen mit einem riesigen Salatkopf in ihrer Handtasche herum. Als sie nach Frankreich übersiedelte, schmuggelte sie einige ihrer Lieblingsschnecken ein, indem sie sie unter ihren Brüsten versteckte.[8] Ihr Altenpfleger erinnerte sich, dass sie Spinnen, die sich in ihr Haus verirrt hatten, in den Garten zurückbrachte, wobei sie darauf achtete, dass sie nicht verletzt wurden. »Sie empfand Menschen als merkwürdig und glaubte, sie würde sie nie verstehen. Vielleicht mochte sie deswegen Katzen und Schnecken so sehr.«[9] Ein langjähriger Freund schrieb über sie: »In ihren Augen waren Tiere Individuen, die sich oft besser benahmen als Menschen und würdevoller und aufrichtiger waren als sie.«[10]

Als junge Erwachsene kämpfte Highsmith mit ihrer Homosexualität und unterzog sich einer Psychoanalyse bei einem Therapeuten, der sie zu »heilen« versuchte. Eine Zeit lang scheint sie erwogen zu haben, eine konventionelle Ehe einzugehen. Danach hatte sie viele Liebhaberinnen und einige dauerhafte Freundschaften mit schwulen Männern, aber sie scheint bei all diesen Menschen nicht das gefunden zu haben, was Tiere ihr gaben. Katzen liebte sie leidenschaftlich. Sie »geben Schriftstellern etwas, was Menschen ihnen nicht geben können: Sie leisten einem unaufdringlich Gesellschaft, stellen keine Forderungen und sind so friedlich und schillernd wie eine ruhige, kaum bewegte See.«[11]

In »Mings größte Beute« lässt Highsmith einen schönen Siamkater Rache am Liebhaber seiner Herrin nehmen. Ming bevorzugte ein ruhiges Leben:

> Am liebsten lag Ming in der Sonne, wenn seine Herrin ebenfalls auf einem der Liegestühle ausgestreckt lag, die zu Hause auf der Terrasse standen. Weniger lieb waren ihm die Gäste, die sie zuweilen einlud und die dann über Nacht blieben, viele Gäste, die aßen und tranken und bis in die Nacht hinein aufblieben, Klavier oder Schallplatten spielten und die ihn alle von Elaine fernhielten. Sie traten ihm auf die Pfoten, packten ihn manchmal von hinten am Kragen, bevor er entwischen konnte, so dass er sich winden und kämpfen musste, um freizukommen; sie strichen ihm grob übers Fell oder machten irgendwo eine Tür zu, so dass er nicht hinauskonnte. Menschen! Ming fand sie alle grässlich. Auf der ganzen Welt mochte er nur Elaine. Sie liebte ihn und verstand ihn auch.[12]

Als Elaines neuer Liebhaber Teddie erfolglos versucht, Ming während eines Segeltörns vor der Küste von Acapulco über Bord zu stoßen, beschließt Ming, zurückzuschlagen. Später am selben Tag, als sie in die Villa zurückgekehrt sind, versucht Teddie erneut, Ming loszuwerden. Diesmal will er ihn über die Terrassenbrüstung werfen. Doch Ming springt ihm auf die Schulter, und die beiden stürzen gemeinsam hinab. Dabei kommt Teddie zu Tode, während Ming nur außer Atem ist. Nachdem er sich von dem Kampf erholt hat, lässt er sich mit eingezogenen Pfoten in einer schattigen, von der Sonne aber noch warmen Ecke der Terrasse nieder:

> Er hörte, wie sie unten redeten und dabei hin und her gingen, es knackte in den Büschen, dann kam der Geruch von allen zusammen die Stufen herauf, der Dunst von Tabak und Schweiß und der vertraute Geruch von Blut. Ming war sehr zufrieden. Er freute sich – so, wie er sich immer freute, wenn er einen Vogel getötet und den Blutgeruch mit seinen Zähnen hervorgerufen hatte. Das hier war seine Beute – eine mächtige Beute. Keiner sah, wie sich Ming zu seiner vollen Größe aufrichtete, als die Männer mit der Leiche vorbeigingen, und wie er das würzige Aroma seines Sieges mit erhobener Nase einsog.[13]

Die Geschichte endet damit, dass Ming und seine Herrin sich im Schlafzimmer befinden. Elaine streichelt Mings Kopf, hebt eine seiner Pfoten und drückt sie sanft, so dass die Krallen zum Vorschein kommen. »›O Ming – Ming‹, sagte sie leise. Und Ming hörte aus ihrer Stimme, wie lieb sie ihn hatte.«[14]

Wie Colettes Erzählung, so wird auch diese den Katzenliebhabern gefallen. Sie wird aus der Perspektive Mings erzählt, der eine durch und durch reizvolle Gestalt ist. Er hat zwar wohl für Menschen im Allgemeinen keine besondere

Vorliebe, nimmt Teddie aber erst als Feind wahr, nachdem der versucht hat, ihn zu töten; und wenn er sich rächt, könnte man das genauso gut als Notwehr bezeichnen. Mings Beziehung zu Elaine ist schwerer zu entschlüsseln. Daran, dass sie ihn liebt, besteht kein Zweifel. Offen bleibt jedoch, ob er ihre Zuneigung erwidert oder ob er sie einfach als ein Wesen betrachtet, mit dem er gern zusammen ist. Falls Letzteres zuträfe – könnte das nicht ebenfalls Liebe sein?

Die Liebe von Katzen unterscheidet sich von der Liebe von Menschen in vielerlei Beziehung. Der Sexualkontakt zwischen männlichen und weiblichen Katzen dauert nur wenige Augenblicke, und es folgt ihm kein gemeinsames Leben. Außer Löwenmännchen, die ihre Jungen beschützen, beteiligen sich männliche Katzen nicht an der Aufzucht ihres Nachwuchses. Sobald die Jungtiere von ihrer Mutter die notwendigen Fähigkeiten erlernt haben, ziehen sie los, um ihr eigenes Leben zu führen. Dennoch hat die Liebe bei Katzen Vorzüge, die vielen Formen der menschlichen Liebe fehlen. So lieben Katzen nicht, um Einsamkeit, Langeweile oder Verzweiflung zu vertreiben. Sie lieben, wenn der Impuls dazu sie ergreift, und begeben sich in Gesellschaft, die sie genießen.

Bis Mitte zwanzig betrachtete sich Highsmith ebenso als bildende Künstlerin wie als Schriftstellerin, und sie hat zeitlebens gemalt, gezeichnet und Holzschnitzereien angefertigt. Nach ihrem Tod wurde eine ganze Reihe ihrer Zeichnungen veröffentlicht. Viele stellen Katzen dar, eine trägt den Titel *Marcel Proust Examining His Own Bathwater* (Marcel Proust untersucht sein Badewasser).[15] Highsmith hatte in ihrer Jugend Marcel Proust verehrt, der in seinem Werk die menschliche Liebe wie kein Zweiter analysiert, ja forensisch seziert hat. Die Proust-Forscherin Germaine Brée schreibt:

Die feine Gesellschaft bringt eine Art biologische Kultur hervor, die den Individuen alles auszuprobieren erlaubt, womit sie miteinander in Kontakt treten können. [...] Dort wird die Liebe geboren. [...] Aber mehr als alles andere gedeiht in all ihren Formen das Bedürfnis nach »Zerstreuung« im Pascal'schen Sinne.

»Zerstreuung« ist für Menschen der feinen Gesellschaft die Kunst, andere zu dem einzigen Zweck zu benutzen, die eigenen Bedürfnisse zu befriedigen und sich die eigene Langeweile zu verschleiern. Wo es um Zuneigung geht, kann man diese Ausbeutung weder sich selbst noch anderen gegenüber zugeben. Deshalb verstecken und verstellen sich Prousts Figuren, und deshalb verraten sie einander auch. Sie belügen sich selbst und die anderen unter verschiedenen Vorwänden und verbergen ihre wahren Motive. [...] Sie, die über Geld und Muße verfügen und tun und lassen können, was sie wollen, haben nur einen tiefen Wunsch: vor der Leere des Daseins geschützt zu sein und aus der sterilen und beunruhigenden Substanz des Lebens eine Maske zu zaubern, die sie beruhigt und ihnen schmeichelt. [...] Sie wollen weder verstehen noch wissen, sondern sich nur aufputzen und amüsieren.[16]

Wie Brée andeutet, hat Prousts Analyse der Liebe viel mit Pascals Interpretation der Zerstreuung gemeinsam. Im Unterschied zu Pascal glaubt Proust allerdings, dass die Zerstreuung unpersönlichen Gesetzen gehorche: Liebe sei das Produkt von Mechanismen, von denen die Liebenden nichts wüssten, und das Affentheater von Verliebtheit und Desillusionierung zeige, dass sie im Bann von Kräften sind, die sie weder begreifen noch beherrschen könnten. Eitelkeit und Eifersucht verschlügen sie in eine imaginäre Welt, in der sie ihre alternden Körper und den ihnen vorbestimmten Weg in den Tod vergessen könnten. Erotische Liebe sei das Arbeiten einer Maschine, und das Mechanische dieser Liebe sei ihre rettende Kraft. Noch die quälendste Eifersucht und die bitterste Enttäuschung jedoch gewährten eine vorübergehende Atempause von der Erfahrung der Leere. Liebe errichte eine Barriere gegen das Wissen, gegen das Verstehen sei es anderer Menschen, sei es der eigenen Person, eine Barriere, die Menschen das Tragen der Last erleichtere, sie selbst zu sein.

Laut dieser Proust'schen Analyse ist die Liebe von Menschen mechanischer als die Paarung von Tieren. Mehr als irgendwo sonst sind Menschen in der Liebe der Selbsttäuschung ausgeliefert. Anders Katzen. Wenn sie lieben, dann nicht, um sich selbst etwas vorzumachen. Katzen mögen Egoisten sein, aber sie leiden nicht an Eitelkeit – jedenfalls nicht in Bezug auf Menschen. Was sie von Menschen wollen, ist ein Platz, an dem sie ihr Normalbefinden der Zufriedenheit erlangen können. Wenn ein Mensch einen solchen Platz für sie hat, kann es sein, dass sie diesen Menschen lieben lernen.

DIE LIEBENDE LILY

Der Romancier Tanizaki Jun'ichirō (1886–1965) wurde gefeiert, weil er den Wandel im japanischen Leben beschrieb, der mit der Modernisierung des Landes einherging. Ein großer Teil seines Œuvres kreist um die Frage, was auf diesem Weg verloren gegangen sein mag. Dazu zählte seiner Meinung nach ein ausgeprägter Sinn für Schönheit. In einem langen Essay mit dem Titel *Lob des Schattens* (1933) schrieb Tanizaki:

> Wir sind der Meinung, Schönheit sei nicht in den Objekten selber zu suchen, sondern im Helldunkel, im Schattenspiel, das sich zwischen Objekten entfaltet. Wie ein phosphoreszierender Stein, der im Dunkel glänzt, aber bei Tageshelle jeglichen Reiz als Juwel verliert, so gibt es ohne Schattenwirkung keine Schönheit.[17]

Nicht, dass Tanizaki die Dunkelheit dem Licht vorzöge. Die Dunkelheit sei vielmehr Teil der Schönheit des Lichts:

> Es ist nicht so, dass wir glänzende Dinge nicht mögen, doch einem seichten, hellen Glanz ziehen wir ein vertieftes, umwölktes Schimmern vor. Sei es ein natürlicher Stein oder ein künstlich geschaffenes Gerät, es geht uns um einen von Trübungen gedämpften Glanz, der unfehlbar mit der Vorstellung einer Alterspatina verbunden ist. [...] wie auch immer, es ist unser Schicksal, dass wir nun einmal Dinge mit Spuren von Menschenhänden, Lampenruß, Wind und Regen lieben oder auch daran erinnernde Farbtönungen und Lichtwirkungen.[18]

Ein Merkmal dieser Ästhetik ist ihre Abneigung gegen Perfektion, während eine Strömung der westlichen Ästhetik nicht umhin kann, schöne Dinge als fehlerhafte Verkörperungen immaterieller Ideen zu betrachten. Platons mystische Sichtweise hat dazu geführt, dass westliche Philosophen Schönheit für etwas halten, das nicht von dieser Welt ist. Im Gegensatz dazu spricht Tanizaki vom »Glanz, der auf den Schweiß und Schmutz der Hände zurückzuführen ist«.[19] Wahre Schönheit finde sich in der Natur und im alltäglichen Leben.

Tanizaki interessierte sich für die Spielarten der Liebe und dafür, was sie über Menschen verraten. Eine seiner feinsten Erkundungen auf diesem Gebiet findet sich in seinem 1936 veröffentlichten und später verfilmten Roman *Eine Katze, ein Mann und zwei Frauen*, in dem eine alternde, aber elegante Schildpattkatze namens Lily die Hauptfigur ist.

Die Geschichte beginnt mit einem Brief, den eine der beiden Frauen an die andere schreibt. Es geht um Lily. Shinako bittet Fukuko, die neue Frau ihres Ex-Mannes Shozo, ihr die Katze zu überlassen:

> Ich möchte bloß eins von Ihnen. Nicht, dass Sie mir ihn zurückgeben, nein, etwas viel Belangloseres. Ich möchte Lily-chan. […] Hier, auf meiner Seite, solche Opfer; dort, auf Ihrer, nichts weiter als eine Katze. Urteilen Sie doch bitte selber: Ist das wirklich so unverschämt? Für Sie mag Lily ja nur irgendeine kleine Kreatur sein, aber was für einen Trost sie mir bedeuten würde … Ich steh nicht gern als Heulsuse da, wissen Sie, aber wenn nicht wenigstens Lily bei mir ist, dann halt ich es einfach nicht aus vor Einsamkeit … Ich habe doch außer dieser Katze keine Seele mehr, niemand auf der Welt, der sich um mich kümmert …

[...] Sie sind nicht diejenige, die Lily-chan nicht hergeben will – er ist es, bestimmt. Er ist ja so vernarrt in Lily! Oft hat er gesagt: »Ohne dich könnt ich auskommen, aber ohne diese Katze? Nie!« Ob bei Tisch oder im Bett, immer hat er sich mehr mit ihr abgegeben als mit mir. [... S]eien Sie bloß auf der Hut, liebe Fukuko. Ein wenig zu lax – ist ja bloß eine Katze –, und schon geraten Sie ihr gegenüber ins Hintertreffen.[20]

Beim ersten Lesen erzählt die Geschichte von drei Menschen, die eine Katze als Waffe in ihren Konflikten benutzen. Die Katze scheint eine Art Spielball in diesen Konflikten zu sein. Aber Lily bedeutet ihnen mehr, als sie ahnen. Nachdem Shinako in den Besitz der Katze gelangt ist, überkommt Shozo ein überwältigendes Gefühl des Verlusts. Er beschließt, sich heimlich zu Shinakos Haus zu begeben, um Lily zu sehen. Als er in einem Gebüsch vor dem Haus seiner Ex-Frau hockt, bemerkt er ein Schimmern in einer der Pflanzen: »wahrscheinlich das Licht einer Lampe, das sich von Weitem in einem Tautropfen spiegelte. Und dennoch hüpfte sein Herz jedes Mal aufs Neue – wer weiß, vielleicht waren es doch Katzenaugen. ›Ist das sie? Ach, es wäre zu schön!‹« Sein Herz schlägt schneller, und er hat ein flaues Gefühl in der Magengrube:

So merkwürdig das klingt, derartige Regungen hatten sich bei Shozo noch nie zuvor bemerkbar gemacht, selbst einem Menschen gegenüber nicht. Ein kleiner Flirt mit einem der Mädchen aus dem Café, das war schon das höchste der Gefühle. So etwas wie echte Verliebtheit hatte er nur einmal erlebt, nämlich als er sich heimlich, hinter Shinakos Rücken, mit Fukuko getroffen hatte. [...] Doch [...] hatte es der Affäre mit Fukuko an einer gewissen Ernsthaftigkeit gemangelt und somit auch an dieser Sehnsucht, ja Versessenheit darauf, den andern zu sehen, zu treffen.[21]

Aus Angst vor einem Streit mit seiner Frau, wenn er zu spät nach Hause kommt, geht Shozo. Aber er hat den Wunsch, Lily zu sehen, nicht aufgegeben. Am nächsten Tag kehrt er zum Haus seiner Ex-Frau zurück. Shinako ist ausgegangen, nachdem sie ihre Schwester Hatsuko gebeten hat, das Haus zu hüten. Hatsuko führt Shozo eine steile Treppe hinauf zu dem Zimmer, in dem Lily ruht. Da die Vorhänge zugezogen sind, ist der Raum abgedunkelt; dennoch kann Shozo Lily erkennen, die auf einem Stapel Kissen sitzt, die Vorderpfoten unter dem Leib, die Augen halb geschlossen. Der Glanz ihres Fells beweist, dass sie gut gepflegt wird, und etwas Reis und eine Eierschale in der Nähe deuten darauf hin, dass sie gerade ihr Mittagsmahl gehabt hat.

Shozo ist dankbar, dass Lily in Sicherheit und wohlauf ist. Er riecht die Katzenstreu, und eine liebevolle Traurigkeit überkommt ihn. »Lily«, ruft er, und die Katze, »die ihn nun endlich zu bemerken schien, hob ermattet die Lider und warf ihm aus müden, trüben Pupillen einen ungemein abweisenden Blick zu [...]. Darüber hinaus zeigte sie keinerlei Gemütsregung. Dann schlug sie die Vorderpfoten noch ein wenig weiter unter den Körper, zuckte gleichsam fröstelnd mit Rückenfell und Ohren und schloss die Augen wieder, wie zum Zeichen, dass sie jetzt schlafen müsse, und zwar sofort.«[22]

Shozo versucht, sie zu streicheln, aber Lily sitzt nur da, mit geschlossenen Augen, und schnurrt. Shinako scheint sich liebevoll um die Katze zu kümmern, denkt Shozo. Sie ist zwar jetzt arm, sorgt aber trotzdem dafür, dass Lily genug zu fressen hat. Und Lilys Kissen sind dicker als Shinakos eigene. Dann hört Shozo Schritte und weiß, dass Shinako zurückgekehrt ist. Er huscht die Treppe hinab und auf die Straße; es fehlt nicht viel, und er wäre Shinako begegnet. Die Geschichte endet mit dem Satz: »[A]ls wäre etwas Entsetzliches hinter ihm her, preschte Shozo in die entgegengesetzte Richtung davon.«[23]

Lily mag von den drei Menschen als Waffe benutzt worden sein, aber nur sie wurde geliebt. Shozo und seine Ex-Frau kümmerten sich mehr um sie als um einander, ja mehr vielleicht als um irgendeinen Menschen. So verbissen sie ihre Strategien im Umgang miteinander verfolgten, die Liebe, die sie für die Katze empfanden, war stärker. Vielleicht war sie, wie so manche Liebe zwischen Menschen, eine Zuflucht vor dem Unglücklichsein. Vielleicht aber war sie Liebe zu der Katze selbst – eine Mischung aus Zärtlichkeit und Bewunderung. Was Lily für die Menschen in ihrem Leben empfand, kann niemand wissen. Am Ende der Geschichte ist sie gealtert und möchte vor allem schlafen. Vielleicht spürt sie, dass es auf den Tod zugeht. Doch immer noch ist Lily das Licht im Raum, während die Menschen verschwommene Figuren im glühenden Prisma ihres Geistes sind.

GATTINO VERSCHWINDET

Eine andere Liebe zwischen einem Menschen und einer Katze wird in Mary Gaitskills wunderbarem Essay *Der verschwundene Kater* beschrieben.[24] Gaitskills Essay unterscheidet sich von den Geschichten, die ich zuvor in diesem Kapitel nacherzählt habe, dadurch, dass er wie Jack Laurence' Geschichte von Mèo in Kapitel 1 an das Leben und den Tod einer Katze erinnert, die wirklich gelebt hat.

Die 1954 geborene Gaitskill wurde 1988 durch die Kurzgeschichtensammlung *Bad Behavior*[25] zu einer literarischen Berühmtheit. Vorher hatte sie viele Jahre lang sowohl persönlich als auch finanziell zu kämpfen gehabt. Als Teenager hatte sie das Internat verlassen müssen und war auf Betreiben ihrer Eltern in eine psychiatrische Anstalt eingewiesen worden, in der sie es aber nicht lange aushielt. Als junge Erwachsene hatte sie unter anderem als Blumen- und Buchverkäuferin, Stripperin, Korrekturleserin und freiberufliche Faktencheckerin gearbeitet.

Eine Zeit lang lebte sie billig zur Untermiete über einem bekannten New Yorker SM-Club, und vielleicht handeln nicht zuletzt deshalb viele ihrer Geschichten von dem menschlichen Bedürfnis nach Schmerz und Demütigung. Eine davon wurde zur Grundlage des erfolgreichen Films *Secretary* (2002), den Gaitskill allerdings als »zu niedlich und unbeholfen« empfand.[26] In einer späteren Novelle mit dem Titel *Das ist Lust*[27] hat sie erzählt, wie die berufliche Existenz eines dandyhaften Buchverlegers, der bei Frauen gern das Bedürfnis nach Schmerz und Bestrafung weckt, vernichtet wird, als man ihm sexuelle Übergriffe auf angestellte Frauen seines Verlages vorwirft.

Ein wiederkehrendes Thema in Gaitskills Œuvre ist die Widersprüchlichkeit der menschlichen Liebe. Menschen suchen in der Liebe Befreiung von der Langeweile, den Trost, ein Objekt der Zuneigung oder der Besessenheit zu sein, eine Möglichkeit, Macht auszuüben und sich und anderen Schmerz zuzufügen, sowie die Erregung, die aus der Selbstzerstörung kommen kann. Nichts von alledem beeinträchtigt die Liebe zwischen Mensch und Tier, und die Liebe eines Tieres zu verlieren kann erschütternder sein als das Ende einer Liebesbeziehung zu einem Menschen.

In *Der verschwundene Kater* erzählt Gaitskill, wie sie ihren sieben Monate alten Kater verlor. Sie hatte ihn in der Toskana gefunden, als sie bei Beatrice von Rezzori zu Besuch war, die ihr Anwesen zum Andenken an ihren Mann Gregor in einen Rückzugsort für Schriftsteller verwandelt hatte. Das Tier, eines von drei mageren Kätzchen im Hof eines nahegelegenen Bauernhauses, sah noch kränklicher aus als die beiden anderen, wackelte aber mutig auf Mary zu. Seine Augenlider waren fast vollständig schleimverklebt. »Er war getigert, hellgrau mit kräftigen schwarzen Streifen. Er hatte eine lange Schnauze und eine große Nase, die aussah wie die Radiergummis, die man oben auf einen Bleistift steckt. Mit dem großen Kopf auf dem ausgemergelten, wasserbauchigen Körper und den grotesk langen Beinen sah er wie ein Kobold aus. Sein Anus wirkte unverhältnismäßig groß an dem dürren Hintern. Benommen ließ er sich von mir den knochigen Rücken kraulen – zaghaft hob er den kümmerlichen Schwanz.«[28] Später hatte sie ihn so in Erinnerung: »der Rücken gekrümmt, das Gesicht furchtsam, aber wach, lebendig, wie er zum Sprung ansetzt, um davonzulaufen, der Schwanz misstrauisch, gebogen und gespannt. [...]

Selbst wenn er schwach war vor Hunger. Er hatte Mumm, dieser Kater.«[29]

Mary nannte ihn Chance. »Ich mochte Chance, so wie ich alle Katzenkinder mag; er mochte mich, weil ich ihn fütterte.«[30] Nach einiger Zeit begann Chance, der nur ein Auge hatte, seinen Kopf zu heben, wenn Mary ins Zimmer trat, und sie aufmerksam anzusehen. »Ich kann nicht mit Sicherheit sagen, was dieser Blick bedeutete, ich weiß nicht, was Tiere denken oder empfinden. Aber ich fand, aus der Art, wie er mich ansah, sprach Liebe. Er folgte mir durch die Wohnung. Er setzte sich auf meinen Schoß, wenn ich am Schreibtisch saß und arbeitete; er kam zu mir ins Bett und schlief bei mir; er wiegte sich in den Schlaf, indem er sanft an meinen Fingern knabberte. Wenn ich ihn streichelte, reckte er mir seinen Körper in meiner Hand entgegen. Wenn ich mit dem Gesicht ganz nahe heranging, streckte er die Pfote aus und streichelte mich an der Wange.«[31]

Da Marys Mann den Namen Chance nicht mochte und Mary zugeben musste, dass er nicht ganz unrecht hatte, nannten sie den kleinen Kater von nun an McFate. McFate wurde immer kräftiger und »entwickelte eine gewisse einäugige Verwegenheit, eine Art, die Ohren aufzurichten, die ihm etwas Unternehmungslustiges gab, Wagemut sprach aus dem gereckten Hals bei dem zerbrechlichen Körper«. »Er nahm zu, die langen Beine und der schlanke Schwanz wirkten nun edel und nicht mehr grotesk. Ein Fellstreifen lief ihm wie ein Band um den Hals; wenn er sich beim Kraulen auf den Rücken rollte, zeigte er seinen beigefarbenen Bauch, gefleckt wie der eines Ozelots. In Momenten des Selbstvertrauens war er wie ein kleiner Gangster im schneidigen Anzug.« Doch er war immer noch schwächlich, und Mary befand, McFate sei »ein zu großer und gnadenloser Name für ein Geschöpf mit einem so kleinen, schwachen Herzen«. Also nannte sie ihn, mit dem italienischen Wort für Kätzchen oder Katerchen, Gattino.[32] Als sie ihrem Mann sagte, sie wolle Gattino mit in die Vereinigten Staaten nehmen, war er irritiert. Sie wusste, dass es vielen Leuten ebenso gehen würde: Sie »würden meine Gefühle für neurotisch halten, eine Projektion meiner eigenen Einsamkeit und Ängste auf ein Tier darin sehen«.[33]

Als Mary beschloss, Gattino mit nach Hause zu nehmen, fragte sie sich, ob es falsch sei, ein Tier mehr zu lieben als leidende Menschen. Sie hatte Menschen geliebt, darunter Kinder, die sie im Rahmen eines Programms für arme schwarze Familien aufgenommen hatte, und ihren Vater, der einen qualvollen Krebstod gestorben war, nachdem er eine Behandlung abgelehnt hatte. Aber diese Lieben waren verworren und frustrierend gewesen:

> Menschenliebe ist etwas sehr Unvollkommenes, und selbst da, wo sie es nicht ist, verstehen die Menschen sie in der Regel miss, weisen sie zurück, missbrauchen oder manipulieren sie. Es ist schwer, Menschen, die man liebt, vor Schmerz zu bewahren, denn Menschen wählen oft ausdrücklich den Schmerz; ich selbst bin jemand, der oft den Schmerz wählt. Ein Tier würde niemals freiwillig den Schmerz wählen; ein Tier kann Liebe viel leichter empfangen als selbst ein sehr junger Mensch. Und so fand ich, dass es möglich sein sollte, ein Kätzchen mit Liebe zu beschützen.[34]

Manchmal, wenn sie nahe dem Anwesen Beatrice von Rezzoris spazieren ging, mit einer großen Murmel in der Tasche, die ihrem Vater gehört hatte, musste Mary an den Verstorbenen denken. Ohne es ernsthaft für möglich zu halten, fragte sie sich, ob ein Teil seiner Seele in Gattino wiedergeboren worden sein könnte. Eines Abends, als der kleine Kater schnurrend in ihrem Schoß lag, sah sie auf einmal eine kleine, himmelblaue Murmel, die unter der Kommode hervorrollte: »Mitten im Zimmer blieb sie liegen. Sie war schön und strahlend, und etwas mir Unsichtbares hatte sie in Bewegung gesetzt. Es schien mir ein magisches, versöhnliches Zeichen, genau wie die Gegenwart dieses liebevollen kleinen Katers.« Sie legte sie auf die Fensterbank neben die Murmel ihres Vaters.[35]

Um einen Tierpass zu bekommen, brachte Mary Gattino zu einem Tierarzt, der ihn in einen Käfig setzte – neben einen riesigen Hund. Als der den kleinen Kater anknurrte und anbellte, versteckte sich Gattino zunächst hinter einem kleinen Bett. Dann aber stellte er sich dem Hund trotzig entgegen. »[D]amals sah ich zum ersten Mal den vom Schrecken gezeichneten und doch kampfbereiten Ausdruck bei ihm, die Bereitschaft, sich allem zu stellen, was immer da kommen mochte, egal wie groß und gnadenlos es auch war.«[36] Auf der langen transatlantischen Heimreise wurden Mary und ihr Mann von Gattino begleitet, »der furchtlos aus dem Tragekorb schaute«. »Und Gattino war furchtlos. Er machte kein Geschrei, auch nicht im Flugzeug, obwohl er seit dem Vorabend kaum etwas zu essen bekommen hatte. Er ließ sich geduldig nieder, die schlanken Pfoten majestätisch ausgestreckt, betrachtete mich mit ruhigem, selbstbewusst erhobenem Kopf. [...] Hätte ich ihn gelassen, wäre er aufrechten Schwanzes die Gänge entlangspaziert.«[37]

In den Vereinigten Staaten angekommen, wurde Gattino mit den anderen Katzen im Haus bekannt gemacht. Da er sich ihnen mit respektvollem Takt näherte, lebte er sich gut ein. Dann zogen Mary und ihr Mann um, in ein Haus, in dem der Vermieter überall Müll hinterlassen hatte, der Ofen defekt und voller Mäusenester war. Es war der Anfang einer Pechsträhne. Mary verlor ihren Reisepass, und ihr Mann verlegte eine Halskette, die sie ihm geschenkt hatte. Sie verlor auch die blaue Murmel, die sie in Italien gefunden hatte. Aber Gattino mochte das neue Zuhause. Er spielte im Hof mit den anderen Katzen und zeigte kein Interesse, auf die Straße zu gehen. Sollte er es doch tun, würde er problemlos zurückfinden, glaubte Mary, da gegenüber, auf der anderen Straßenseite, ein offenes Feld lag.

Wenig später verschwand Gattino. Als Mary heimkam, suchte sie überall nach ihm, obwohl es schon dunkel war. In diesem Augenblick kamen ihr zum ersten Mal die Worte »Ich fürchte mich« in den Sinn. Sie glaubte zu spüren, dass Gattino mit ihr in Verbindung stand, und wollte ihm sagen: »Keine Sorge. Bleib, wo du bist. Ich finde dich.« Aber stattdessen dachte sie: »Ich fürchte mich auch. Ich weiß nicht, wo du bist.« Sie fürchtete, er würde sich noch verlorener fühlen, wenn er ihre Angst spürte, aber sie konnte sich nicht helfen. Sie hängte Steckbriefe auf, verschickte E-Mails und alarmierte die Campus-Security der nahe gelegenen Universität. Drei Nächte später erreichte sie ein weiterer Gedanke: »Ich bin einsam.«[38] In der fünften Nacht teilte ihr ein Wachmann auf dem Anrufbeantworter mit, er habe eine kleine dünne, einäugige Katze gesehen, die in einem Mülleimer nach Futter suchte. Der Anruf kam um zwei Uhr nachts, als das Telefon stummgeschaltet war. Mary und ihr Mann hörten ihn nicht.

Dann beschloss Mary, eine Hellseherin aufzusuchen, die ein Freund ihr empfohlen hatte. Die Hellseherin sagte ihr,

Gattino sei »in Schwierigkeiten« und liege im Sterben. Sie beschrieb den Ort, an dem Gattino sein könnte, worauf Mary dort mehrere Tage lang suchte – von morgens bis abends. Am Ende eines dieser Tage, als sie kurz vor dem Einschlafen war, kamen ihr wieder Worte einer Botschaft in den Sinn: »Ich sterbe« und »Lebwohl«.[39]

Mary stand auf und nahm eine Schlaftablette. Zwei Stunden später wachte sie auf, Tränen liefen ihr über das Gesicht. Sie fragte sich:

> Wer entscheidet, welcher Tod tragisch ist und welcher nicht? Wer entscheidet, was groß ist und was klein? Ist es eine Frage von Zahlen oder physischer Masse oder Intelligenz? Wenn man ein kleines Geschöpf oder ein kleiner Mensch ist und allein und unter Schmerzen stirbt, dann denkt man vielleicht nicht daran oder weiß nicht, wie klein man ist. Wenn die Schmerzen groß genug sind, weiß man vielleicht nicht mehr, wer oder was man ist; man kennt vielleicht nur noch den Schmerz, und der ist ungeheuer. Wer entscheidet das? Was entscheidet das? Die Vernunft? Kann in solchen Fällen die Vernunft die Entscheidung treffen?[40]

Ein Jahr nach Gattinos Tod suchte Mary immer noch nach ihm. Währenddessen änderten sich ihre Gefühle gegenüber Menschen. Als sie zu einem Tierheim fuhr, um nachzusehen, ob der Kater dorthin gebracht worden war, hörte sie im Radio einen Bericht darüber, dass amerikanische Söldner im Irak einen Medizinstudenten erschossen hatten, als er aus seinem Wagen stieg; anschließend hatten sie auch seine Mutter getötet, als sie aus dem Wagen sprang, um zu ihm zu eilen. Früher hatte Mary nichts empfunden, wenn sie solch schlimme Dinge hörte. Dieser Bericht zerriss ihr das Herz. »Es war der Verlust der Katze, der diese Veränderung bewirkt hatte; dass der Verlust so klein, objektiv gesehen so unbedeutend war, hatte dieses Aufreißen möglich gemacht.«[41]

Auch in ihren Gedanken kam sie nicht zur Ruhe. Eine andere Hellseherin, die sie konsultierte, sagte ihr, Gattino sei tot – wahrscheinlich einem Nierenversagen erlegen, nachdem er etwas Giftiges gegessen hatte. Mary rief eine dritte Hellseherin an und erfuhr von ihr ebenfalls, dass der Kater gestorben sei, allerdings ohne zu leiden – zusammengerollt, als wollte er einschlafen. Sie hängte weitere Steckbriefe auf und bekam bereits wenig später Anrufe von Leuten, die sagten, sie hätten eine einäugige kleine Katze gesehen. Ein anderer Wachmann, »ein verschlossener älterer Mann«, sagte ihr, er habe Gattino vor drei Monaten gesehen, aber seitdem nicht mehr. »Viele Katzen habe ich in letzter Zeit nicht gesehen [...]. Aber ich will Ihnen sagen, was ich gesehen habe. Ein großer Rotluchs streicht hier nachts über den Campus, überall. Der und eine Menge Kojoten.« Es war klar, was er meinte. Mary dachte, es sei dann wenigstens ein Tod gewesen, den ein Tier verstehen würde.[42] Dennoch glaubte sie zu spüren, dass Gattino immer noch da war. Sie träumte monatelang von ihm, etwa davon, dass sie im Hof nach ihm rief und er dann auf sie zukam, wie er es immer getan hatte: »den Schwanz aufgerichtet, mit kleinen, eifrigen Sprüngen und am Ende mit einem Satz auf meinen Schoß«.[43]

Damals, als ihr Vater im Sterben lag, hatte Mary zu ihm gesagt: »Daddy, [...] erzähl mir, wie du gelitten hast. Erzähl mir, wie sich das angefühlt hat.« Sie hatte nicht geglaubt, dass er sie höre, hatte aber jetzt immer das Gefühl, einen Teil der Antwort zu erhalten, wenn sie spät abends allein nach Gattino suchte. »Da ging mir auf, dass der Verlust meines Katers eine gnädige Form der Antwort auf meine Frage war.«[44] Sie wusste, dass dieses Gefühl ein Ergebnis magischen Denkens sein konnte, war aber nicht überzeugt, dass es wirklich so war. Was real ist im menschlichen Leben und was eingebildet, ist schließlich schwer zu entscheiden:

Wenn mir jemand gesagt hätte, ich solle mich mit Scheiße einreiben und im Garten wälzen, wenn diese Person Katzenexpertin gewesen wäre und mir überzeugend dargestellt hätte, dass so etwas tatsächlich dazu führen könne, dass mein Kater zurückkehrte, dann hätte ich es vermutlich getan. Ich würde diese armselige Leichtgläubigkeit nicht als »magisches Denken« bezeichnen. Mir kam es nicht nennenswert anders vor als jedes andere Denken. Eher ging es darum, dass die normale, sichtbare Ordnung der Dinge unannehmbar für mich geworden war – sinnlos, genauer gesagt –, weil sie zu sehr im Widerspruch zu den Bedürfnissen meines verwirrten Verstandes stand. Andere Arten von Ordnung zeigten sich mir, schimmerten durch die brüchig gewordene bisher bekannte Ordnung und nahmen Gestalt darin an. Ich könnte bis heute nicht sagen, ob diese zusammengestoppelte Realität vollkommene Einbildung war, das Produkt eines verzweifelten Willens – oder ob es die ungeschickte, unvollständige Deutung von etwas war, das tatsächlich existierte, etwas, an dem mehr war als der Teil, den ich ohne Weiteres sehen konnte.[45]

Als Mary die Hoffnung aufgegeben hatte, Gattino zu finden, fuhr sie nach Montana, um an einer Universität eine Lesung zu halten. Aus ihrem Hotelzimmer hatte sie einen Blick auf einen Fluss, und einmal beobachtete sie, wie ein Hund von der Leine gelassen wurde und ins Wasser sprang, »begeistert mit weit ausgestreckten Beinen«. Sie lächelte und dachte: »Gattino«. Selbst wenn er tot war – in diesem gespreizten, ekstatischen Sprung war er da. »Diese Idee war mit Sicherheit eine Illusion, eine Selbsttäuschung. Aber der Hund war es nicht. Der Hund war echt. Genauso wie Gattino.«[46]

Ob Gattino noch irgendwo war, ist nicht weiter von Bedeutung. Wichtig ist, dass und wie Gattino gelebt hat. Marys Bindung an den Kater war anders als jede, die sie an Menschen hatte. In ihr gab es nicht die in der Liebe zwischen Menschen ineinander verschlungenen Gefühle von Eitelkeit und Grausamkeit, schlechtem Gewissen und Bedauern. Marys Erinnerungen an Gattino veränderten ihre Gefühle gegenüber ihrem Vater, den Kindern, die sie beherbergte, und dem irakischen Medizinstudenten, der erschossen worden war. Eine Liebe, die nicht der menschlichen Welt angehörte, entwirrte die Liebe, die sie zu Menschen gekannt hatte.

Liebe zwischen Menschen ist oft mit Hass vermischt. Wir können andere zutiefst lieben und ihnen dennoch grollen. Es kann sein, dass wir die Liebe, die wir für andere Menschen empfinden, irgendwann hassen und als Last, als Fessel für unsere Freiheit empfinden, während die Liebe, die sie für uns empfinden, uns falsch und unglaubhaft erscheinen kann. Wenn wir sie trotz dieses Verdachts weiter lieben, werden wir uns selbst womöglich irgendwann hassen. Die Liebe, die Tiere für uns und wir für sie empfinden können, ist nicht auf diese Weise deformiert.

Der Verlust Gattinos war für Mary fast nicht zu ertragen. Doch sein Leben war nicht in der Weise traurig gewesen, wie es das Leben von Menschen sein kann. Gaitskill hat geschrieben:

> Mensch zu sein, heißt letztlich, Verlierer zu sein, da wir alle vom Schicksal dazu bestimmt sind, unser sorgfältig konstruiertes Selbstverständnis, unsere körperliche Kraft, unsere Gesundheit, unsere kostbare Würde und schließlich unser Leben zu verlieren.[47]

Gattino lebte und starb, wie der Zufall es wollte, aber er war kein Verlierer. In seinem kurzen, furchtlosen, nicht tragischen Leben gab er Mary etwas, was kein Mensch ihr hatte geben können. Eine Zeit lang wurde sie nicht mehr von den Gesetzen von Lust und Schmerz beherrscht. Sie hasste nicht mehr die Menschen, die sie liebte – oder sich selbst dafür, dass sie sie liebte. Ein kleines einäugiges, scheinbar unbedeutendes Geschöpf hatte ihre Welt zerbrochen und erneuert. Vielleicht war Gattino ja doch ein magisches Tier gewesen.

5
—

DIE ZEIT, DER TOD UND

DIE KATZENSEELE

—

MURRIS ABSCHIED

Gegen Ende seiner Autobiographie schreibt der russische Religionsphilosoph Nikolai Berdjajew über eine der schmerzlichsten Erfahrungen in seinem ereignisreichen Leben:

> Gleich zu Beginn der Befreiung von Paris ereignete sich in unserem Leben ein Vorfall, den wir als große Qual empfanden, schwerer, als man sich denken kann. Nach qualvoller Krankheit starb unser geliebter »Murri«. »Murris« Leiden vor dem Tode erlebte ich so, als wären es die Leiden der gesamten Kreatur. Ich fühlte mich durch ihn mit der ganzen Kreatur verbunden, die der Erlösung harrt. Es war ungemein rührend, wie der sterbende »Murri«, am Vorabend seines Todes, sich mit Mühe in Lydias Zimmer schleppte, die damals selber schwer krank war, und zu ihr aufs Bett sprang: er war gekommen, um Abschied zu neh-

men. Nur selten weine ich und auch das mit Mühe; aber als »Murri« starb, habe ich bitterlich geweint. Und sein Tod, das Sterben dieses bezaubernden Gottesgeschöpfes, war mir so viel, als erlebte ich den Tod überhaupt, den Tod jener, die man lieb hat. Ich verlangte für »Murri« das ewige Leben, verlangte für mich selber ewiges Leben zusammen mit »Murri«. Ich habe lange Zeit nicht von ihm sprechen können. Ich musste mir immer vorstellen, wie er mir auf den Schoß sprang; wenn abends laut vorgelesen wurde, liebte es »Murri«, bei uns zu sein; er pflegte immer zu erscheinen, selbst wenn er im Nebenzimmer geschlafen hatte, und dann sprang er mir auf den Schoß. Nun gibt es keine Lydia mehr, keinen »Murri«. [...] Ich kann mich nicht versöhnen mit der Unwiderruflichkeit, mit der Leere, die sich nun um mich gebildet hat. Ich kann mich auch nicht versöhnen mit der Endlichkeit der menschlichen Existenz [...]. Es ist unmöglich, nicht nach Wiedersehen zu verlangen und zugleich nach dem ewigen Leben.[1]

Es mag seltsam erscheinen, dass Berdjajew Murris Tod – Murri war die Katze des Philosophen, was man nur begreift, wenn man die vorangegangenen dreihundert Seiten gelesen hat – als so schmerzlich empfunden haben soll. Aber Berdjajew war kein gewöhnlicher Philosoph. Im Gegensatz zu den meisten seiner Zunftgenossen, damals wie heute, hatte er eine scheinbar beständige menschliche Welt vergehen und verschwinden sehen.

Geboren 1874 in Kiew, als die Ukraine noch Teil des Russischen Reiches war, wuchs Berdjajew als Einzelkind in einer

Adelsfamilie auf. Während sein Vater, ein Freigeist, der Religion als solcher skeptisch gegenüberstand, neigte seine russisch-orthodox getaufte Mutter dem Katholizismus zu. Berdjajew selbst widersetzte sich zeitlebens jedem Versuch, seine Gedankenfreiheit einzuschränken. Einer Familientradition folgend besuchte er eine Militärschule, verließ diese aber bald, um an der Universität von Kiew Philosophie zu studieren. Wie viele damals wurde er Marxist. Nachdem er 1898 bei einer Demonstration verhaftet und der Universität verwiesen worden war, arbeitete er für einen illegalen Untergrundverlag, wurde erneut verhaftet und für drei Jahre nach Wologda verbannt. Die Bedingungen dort waren allerdings milde im Vergleich zu denen, die in Lagern für Gegner des Zarismus herrschten, und ungleich weniger streng als in den Lagern, die später von Lenin und Stalin errichtet wurden.

Nach seiner Rückkehr nach Kiew lernte Berdjajew die Dichterin Lydia Truscheff kennen. Die beiden heirateten und zogen nach St. Petersburg. Nicht mehr vom Marxismus angezogen, aber immer noch Dissident, tauchte Berdjajew während der Jahre, die zum Ersten Weltkrieg und zur Oktoberrevolution führten, in das geistige Leben der Stadt ein. Als mittlerweile offen religiöser Denker veröffentlichte er einen Artikel, in dem er den Heiligen Synod der orthodoxen Kirche angriff, weil er Mönche disziplinierte, die von der offiziellen Lehre abwichen. Nachdem man ihn unter dem Vorwurf der Blasphemie verhaftet hatte, wurde er zu lebenslanger Verbannung nach Sibirien verurteilt, aber da die Bolschewisten an die Macht kamen, wurde die Strafe nie vollstreckt.

Auch mit dem neuen Regime geriet Berdjajew bald in Konflikt. Er durfte zwar Vorträge halten und schreiben, und

1920 wurde er zum Professor für Philosophie an der Universität von Moskau ernannt. Doch wenig später wurde er unter dem Vorwurf der Verschwörung verhaftet und ins Gefängnis geworfen. Felix Dserschinski, der gefürchtete Chef von Lenins Geheimpolizei, besuchte ihn in seiner Zelle zu einem Verhör, das sich zu einem hitzigen Schlagabtausch über den Bolschewismus entwickelte. Im September 1922 wurde Berdjajew aus der Sowjetunion ausgewiesen.

Gemeinsam mit anderen prominenten Mitgliedern der russischen Intelligenzija – Künstlern, Gelehrten, Wissenschaftlern und Schriftstellern – verließ er die Sowjetunion auf dem sogenannten »Philosophendampfer« (in Wirklichkeit handelte es sich um zwei Schiffe, die die Regierung gechartert hatte, um potenziell lästige Intellektuelle und ihre Familien nach Deutschland bringen zu lassen). Andere wurden mit dem Zug nach Riga oder mit dem Schiff von Odessa aus nach Istanbul deportiert. Den Plan, die Intelligenzija auf diese Weise loszuwerden, scheint Lenin selbst gefasst zu haben.[2]

Nach ihrer Ankunft in Deutschland zogen Berdjajew und seine Frau zunächst nach Berlin. Anschließend übersiedelten sie nach Paris, wo sie den Rest ihres Lebens verbrachten. Berdjajew war ein produktiver Schriftsteller, der sich an vielen Diskussionen mit französischen Intellektuellen und mit anderen russischen Emigranten beteiligte. Während der deutschen Besatzung schrieb er weiter, veröffentlichte die Bücher aber erst nach dem Krieg. Er starb 1948 an seinem Schreibtisch in seinem Haus in Clamart, unweit von Paris.

Die zentralen Fragen, die Berdjajew beschäftigten, hatten mit Zeit, Tod und Ewigkeit zu tun. Er schrieb:

Angesichts der unverminderten Verführbarkeit und Vergänglichkeit des menschlichen Lebens sowie der Wunden, die jeder Tod, jeder Abschied, jeder Verrat, jede Leidenschaft dem Menschen zufügt, hat es mich immer gewundert, dass es Leute gibt, die sich auf die allmähliche Weiterentwicklung des Menschen, auf die Beständigkeit seiner Natur, auf rationale Appelle an Wahrhaftigkeit, auf die objektiven Maßstäbe für das Gute und all die anderen ambrosischen Illusionen verlassen.[3]

Berdjajew glaubte, wenn der Tod das Ende sei, habe das Leben keinen Sinn. Das Leben sei ein Ringen um einen Sinn, der jenseits des Lebens liege und es von der Leere erlösen könne. Ungewöhnlich an Berdjajew ist, dass er seine geliebte Katze in dieses Ringen einbezog.

Ob Murri sich dabei als Mitstreiter sah, ist zweifelhaft. Da Katzen die menschliche Angst, der Tod könne das Ende der eigenen Lebensgeschichte sein, fremd ist, brauchen sie kein weiteres Leben, in dem die Geschichte ihre Fortsetzung findet. Doch mag Berdjajews Intuition, dass Murri spürte, dass er die Menschen, mit denen er gelebt hatte, bald verlassen würde, wohlbegründet gewesen sein. Katzen wissen, wenn ihr Leben sich dem Ende nähert. Wie Doris Lessing festgestellt hat, können sie sein Enden auch begrüßen.

Die Reaktion ihrer schwarzen Katze auf eine schwere Erkrankung hat Lessing so beschrieben:

Ihr Maul war mit weißem Schaum bedeckt, mit klebrigem Schaum, der nicht leicht wegzuwischen war. Ich wusch ihr Mäulchen. Sie kehrte in den Winkel zurück, kauerte dort und blickte vor sich hin. Ihre Haltung hatte etwas Unheilvolles – unbeweglich, geduldig, und sie schlief nicht. Sie wartete. Am Morgen brachte ich sie ins nahe Tierspital [...]. Sie sei sehr krank, hieß es, und an dem Ton erkannte ich, dass man ihr keine Chance gab. Sie war völlig ausgetrocknet und hatte hohes Fieber. Sie erhielt eine Injektion gegen das Fieber, und man sagte, sie müsse Flüssigkeit zu sich nehmen – wenn möglich. Sie wolle nicht trinken, sagte ich. Natürlich wolle sie nicht, hieß es, nach einer bestimmten Phase der Krankheit würden die Katzen nichts mehr trinken, weil sie beschlossen hätten, zu sterben. Sie verkriechen sich an einen kühlen Ort, weil die Körperhitze sie dazu treibt, kauern sich hin und warten auf den Tod.

Nachdem ich die Schwarze heimgebracht hatte, schleppte sie sich in den Garten. Es war Anfang Herbst und kalt. Sie kauerte an der kalten Gartenmauer, unter sich kalte Erde, in der gleichen geduldig ergebenen Haltung wie in der Nacht.

Ich trug sie ins Haus und legte sie auf eine Decke, nicht zu nahe bei der Heizung. Sie ging wieder in den Garten: dieselbe Stellung, dieselbe geduldige Todeserwartung.

Ich holte sie wieder und sperrte sie ein. Sie kroch zur Tür, ließ sich dort nieder, die Nase zur Tür, und wartete auf den Tod.[4]

Lessing behielt die Katze im Haus und sah wochenlang täglich und stündlich nach ihr. Die Katze erholte sich, und nach einigen Monaten war sie wieder die Katze, die sie gewesen war, »glänzend, schlank, sauber und schnurrend«. Dass sie krank gewesen war, hatte sie vergessen, aber irgendwo in ihrem Kopf war eine Erinnerung an den Untersuchungsraum in der Klinik geblieben, und nachdem sie dort erneut, diesmal wegen einer Ohrenentzündung, behandelt worden war, zitterte sie noch stundenlang.

Lessing scheint aufgrund dessen, was sie der Katze angetan hatte, indem sie sie »gegen ihren Willen ins Leben zurückgeholt« hatte, leichte Schuldgefühle gehabt zu haben. Die Katze aber war »wieder eine normale Katze, mit normalen Instinkten«.[5]

—

ZIVILISATION ALS VERLEUGNUNG DES TODES

Mit den Menschen entwickelte sich auch die Vorstellung von einem Leben nach dem Tod. Vor etwa 115 000 Jahren wurden Gräbern Tierknochen, Blumen, Heilkräuter und Wertgegenstände wie Steinbockhörner beigegeben. Vor 35 000 bis 40 000 Jahren wurden auf der ganzen Welt komplette Ausrüstungen fürs Überleben – Nahrung, Kleidung und Werkzeuge – in Gräber gelegt.[6] Der Mensch ist das Tier, das durch sein Verhältnis zum Tod definiert ist.

Je mehr sich die Menschen ihrer selbst bewusst wurden, umso hartnäckiger verleugneten sie den Tod. Für den amerikanischen Kulturanthropologen und Theoretiker der Psychoanalyse Ernest Becker (1924–1974) war die Flucht vor dem Tod die treibende Kraft der Zivilisation. Becker hielt die Angst vor dem Tod auch für den Ursprung des Ichs, das die Menschen vor dem ohnmächtigen Bewusstsein schützen solle, dass sie sich auf einem Gang durch die Zeit befinden, der zu ihrer Auslöschung führt.

Mehr als die meisten Leben war dasjenige Beckers von Begegnungen mit dem Tod bestimmt. Als Achtzehnjähriger in die Armee eingetreten, diente er in einem Infanteriebataillon, das ein Vernichtungslager der Nazis befreite. Kurz bevor er im Dezember 1973 im Krankenhaus an Krebs starb, sagte er zu einem Besucher, dem Philosophen Sam Keen: »Sie erwischen mich *in extremis*. Dies ist ein Test für alles, was ich über den Tod geschrieben habe. Ich habe eine Gelegenheit erhalten, zu zeigen, wie man sterben sollte.«[7] Becker hat seine Theorien in seinem Buch *The Denial of Death*[8] (1973) dargelegt, für das er 1974 postum mit einem Pulitzer-Preis geehrt wurde, und in *Escape from Evil*, das zwei Jahre nach seinem Tod erschien, weiterentwickelt.

Von allen Aspekten der Conditio humana, von denen wir uns abzulenken versuchen, ist der Tod der bedrohlichste. Die meisten können den Gedanken an ihre Nichtexistenz nicht ertragen, aber je mehr sie versuchen, ihn zu verdrängen, umso mehr verfolgt er sie. Rituale machen es möglich, diesen Schmerz beiseitezuschieben, weil es sich um Übungen handelt, die den gesamten Organismus, nicht nur den Geist beschäftigen. Der Weg, der Angst zu entkommen, führt über das, was Becker den »mythisch-rituellen Komplex« nennt. Der Autor schreibt:

> Der mythisch-rituelle Komplex ist eine soziale Form der Kanalisierung von Besessenheit. [...] Dadurch, dass die Menschen immer nur der Nase entlang gehen und weder nach rechts noch nach links blicken, wer-

den automatische Sicherheitsvorrichtungen eingebaut, wird die Verzweiflung gebannt. Der Sieg über sie ist nicht nur ein rein intellektuelles Problem für einen aktiven Organismus, sondern auch eins der motorischen Selbstanfeuerung. Jenseits eines ganz bestimmten Punktes hilft dem Menschen kein zusätzliches »Wissen« mehr, sondern nur noch ein selbstvergessenes Leben und Handeln. [...] Der Mensch wird erst dann zum Neurotiker, wenn es ihm gelungen ist, ein privates, wahnhaftes Ritual mit dem durch den Untergang der traditionellen Gesellschaft verlorengegangenen und sozial-überkommenen zu vertauschen. Die Bräuche und Mythen der traditionellen Gesellschaft hatten den Menschen eine ganze Interpretationsskala für den Sinn des Lebens präsentiert, und der einzelne brauchte nur zuzugreifen, brauchte nichts weiter zu tun, als sein Leben als »wahr« anzunehmen. Der moderne Neurotiker dagegen muss dasselbe vollbringen, wenn er sich als »geheilt« betrachten will; nur muss er seine Lebenslüge willkommen heißen.[9]

Becker unterscheidet hier zwischen traditionellen Gesellschaften, in denen kollektive Rituale die Menschen vom Gedanken an den Tod entlasteten, und modernen Gesellschaften, in denen von den Individuen erwartet werde, dass sie mit ihren Ängsten selber fertigwürden. Die Wirklichkeit der modernen Gesellschaft sei eine Massenneurose, die immer wieder in absoluten Wahnsinn abrutsche. Neurosen seien nicht so sehr Krankheitssymptome als vielmehr Versuche der Selbstheilung. Die totalitären Bewegungen der Moderne seien Versuche dieser Art. Aber die Menschen könnten sich nicht davon heilen, dass sie die Menschen sind, zu denen sie geworden sind – Einzelgänger, die allein bleiben, auch wenn sie sich in den Schutz der Massenzugehörigkeit flüchten.

Logisches Denken mache die moderne Neurose noch schlimmer:

> G. K. Chesterton haben wir es zu danken, dass der Geist Kierkegaards und eines naiven Christentums innerhalb der modernen Gedankenwelt am Leben blieb, als er mit einer so großen Überzeugungskraft argumentierte, dass gerade die Charakteristika, auf die der moderne Mensch so stolz ist, die des Wahnsinns sind. Es gibt keinen logischeren Menschen als den Irren, keinen, dem Ursache und Wirkung mehr bedeuteten. Verrückte sind die größten aller Rationalisten, und gerade das ist eine Begleiterscheinung ihres Niederganges. Alle lebenserhaltenden Vorgänge sind vergeistigt worden. Was fehlt ihnen, das vernünftige Menschen besitzen? Es fehlt ihnen die Fähigkeit, in den Tag hineinzuleben, sich nicht um Äußerlichkeiten zu scheren, sich zu entspannen, der Welt ins Gesicht zu lachen. Sie können sich nicht lockern, sie können nicht, wie Pascal, ihre ganze Existenz bei einer einzigen, tollkühnen Wette aufs Spiel setzen. Sie können nicht das tun, was die Religion stets verlangt hat: an eine Rechtfertigung eines ihnen als absurd erscheinenden Lebens glauben.[10]

Menschen streben nach Macht, um sich das Gefühl zu geben, dem Tod zu entkommen, und Becker zufolge entspringt das Böse demselben Impuls. Das Begehen von Grausamkeiten diene dazu, jeden Gedanken an das Sterben fernzuhalten:

> Sadismus absorbiert die Angst vor dem Tod auf natürliche Weise, [...] da wir durch Hassen und aktives Beeinflussen der Außenwelt dafür sorgen, dass unser Organismus ganz von dieser in Anspruch genommen wird; das hält die Selbstbesinnung und die Angst vor dem Tod in einem Zustand niedriger Spannung. Wenn wir das Schicksal anderer in den Händen halten, fühlen wir uns als Herren über Leben und Tod. Solange wir noch schießen können, denken wir mehr ans Töten als ans Getötetwerden. Oder, wie ein kluger Gangster es einmal in einem Film formuliert hat: »Wenn Killer aufhören zu töten, werden sie selbst getötet.«[11]

Becker weist darauf hin, dass viele Ideologien der Moderne Unsterblichkeitskulte waren. Für eine mächtige Strömung des russischen Bolschewismus etwa war die Überwindung der Sterblichkeit das oberste Ziel der Revolution, und als Lenin einbalsamiert wurde, waren einige der Beteiligten von dem Wunsch erfüllt, ihn wieder auferstehen zu lassen, sobald der wissenschaftliche Fortschritt die Mittel dazu entwickelt haben würde.[12] Das Projekt, den Tod durch die Wissenschaft zu besiegen, ist im Westen wiederbelebt worden, wobei Ray Kurzweil, der Director of Engineering bei Google, als prominenter Befürworter der mit technologischen Mitteln ermöglichten Unsterblichkeit hervorgetreten ist.[13]

Beckers Analyse überzeugt. Aber die Einstellungen der Menschen zum Tod sind widersprüchlich, und nicht alle Religionen und Philosophien hatten und haben den Zweck, die Sterblichkeit zu leugnen. Im griechischen Polytheismus waren die Götter ihrer Freiheit vom Tod überdrüssig und beneideten die Menschen um ihr kurzes Leben. Griffen sie in deren Welt ein, so taten sie es aus Langeweile und um die Menschen für ihr Glück zu bestrafen, sterblich zu sein. Das Vergessen, das der Tod mit sich bringt, ist eines der Privilegien des Menschseins.

Die Auffassung anderer Religionen, wie wir uns zu unserer Sterblichkeit verhalten sollten, ist zweideutig. Aus einem Blickwinkel betrachtet, lehrt der Buddhismus, dass man dem Tod entgehen könne: Wenn man das Rad der Wiedergeburt verlasse, brauche man nicht mehr zu sterben. Aus einem anderen Blickwinkel betrachtet, bejaht er die Sterblichkeit jedoch.[14] Erlösung bedeute, frei zu sein von dem Leiden, das mit dem Leben untrennbar verbunden sei: Wenn man nicht mehr wiedergeboren werde, brauche man auch nicht mehr zu leiden. Was aber, wenn es keine Seelenwanderung gibt? Schließlich lehrte Buddha, dass die Seele eine Illusion sei. Wenn man nicht wiedergeboren wird, wird man auf jeden Fall vor dem Leiden bewahrt. Der einzige Tod ist vollständig und endgültig.

In dieser Hinsicht hat Epikur dem Buddhismus etwas voraus. Wenn es darum geht, das Leiden zu beenden, ist die Erlösung für alle Lebewesen gesichert, da alle sterben werden. Aber auch Epikur war inkonsequent. Wenn Menschen vom Leiden erlöst sein wollen, können sie ihr Leben beenden, sobald sie die Möglichkeit dazu haben. Diesen allgemeinen Schluss jedoch hat der weise Mann nicht gezogen, sondern den Freitod nur als ultima ratio in extremen Situationen gebilligt.

Menschen mögen darum ringen, selbstbestimmte Wesen zu sein, wie Spinoza es in seiner Theorie des *conatus* behauptete. Aber sie können dieser Anstrengung auch überdrüssig werden und sich dann wünschen, ihr Leben zu beenden. Viele, die diesen Wunsch zur Selbstvernichtung nicht haben, fühlen sich immerhin von Philosophien angezogen, die ihnen in Aussicht stellen, als eigenständige Individuen zu verschwinden. Diese Philosophien können die Verschmelzung mit einer metaphysischen Entität beinhalten – etwa mit der platonischen Idee des Guten oder mit einer Art Weltseele. Oder es können Philosophien wie die von Schopenhauer sein, die eine Auflösung des Selbst ins Nichts verheißen.

Ein Großteil der Menschheit empfindet es als Last, ein Individuum zu sein. Um diese Last zu erleichtern, sind Geschichtsphilosophien ersonnen worden. Wie Berdjajew wusste, bestand ein Teil der Anziehungskraft des Kommunismus darin, dass er von der Einsamkeit erlöste, und heute befriedigt der Liberalismus ein ähnliches Bedürfnis. Wenn Sie eine eigenständige Seele sind, die sich von allen anderen unterscheidet, haben Sie nur Ihre Geschichte und Ihr Schicksal. Wenn Sie sich aber auf eine Form von universalem Einssein der Menschheit zubewegen, sind Sie nicht mehr allein. Ihr Leben ist dann Teil einer größeren Geschichte, einer Mär von kollektiver menschlicher Selbstverwirklichung. Auch wenn Sie als Individuum für immer sterben, haben sie nicht umsonst gelebt.

Aber nicht alle Menschen haben Angst vor dem Sterben, und manche wollen vielleicht sogar sterben. Einige wenige wünschen, sie wären nie geboren worden. Ausgebremst von der Welt, will ihr *conatus* sich selbst aufheben. Sie wären froh, wenn ihr Leben vollständig ausgelöscht würde.

Das lyrische Ich in Thomas Hardys Gedicht »Tess' Klage« ist ein solcher Mensch. Das Gedicht kann als Kommentar zu Hardys Roman *Tess of the d'Urbervilles*[15] (1891) gelesen werden, der Geschichte eines Mädchens vom Lande, das sich gegen die Umstände zu behaupten versucht und am Ende für den Mord an ihrem Liebhaber gehenkt wird. Tess blickt auf ihr Leben zurück und wünschte, es würde ausgelöscht:

> Es zehrt an mir, daran zu denken,
> Daran zu denken;
> Ich kann mein Schicksal nicht ertragen,
> Wie es geschrieben steht.
> Ich möchte mein Leben ungeschehen machen;
> Möchte die Erinnerung an mich in einen Tintenfleck
>   verwandeln,
> Jedes Andenken an mich verrotten lassen,
> Ich wünschte, meine Taten wären gewesen, wie sie
>   nicht waren,
> Und ließen keine Spur von mir![16]

Tess möchte nicht sterben, sondern aus der Welt verschwinden, als ob sie nie gelebt hätte.

Wenn Katzen auf ihr Leben zurückblicken könnten, würden sie sich wünschen, nie gelebt zu haben? Das ist schwer vorstellbar. Da sie aus ihrem Leben keine Geschichte machen, können sie es nicht als tragisch empfinden oder sich wünschen, sie wären nie geboren. Sie akzeptieren das Leben als Geschenk.

Nicht so Menschen. Im Unterschied zu allen anderen Tieren sind sie bereit, für ihre Überzeugungen zu sterben. Monotheisten und Rationalisten halten das für ein Zeichen unserer Überlegenheit: Es zeige, dass wir für Ideen leben, nicht nur für die Triebbefriedigung. Aber wenn Menschen insofern einzigartig sind, als sie für Ideen sterben, dann sind sie es nicht minder insofern, als sie für Ideen auch töten. Töten und sterben für widersinnige Ideen – so haben viele Menschen ihrem Leben einen Sinn gegeben.

Sich mit einer Idee zu identifizieren bedeutet, sich vor dem Tod geschützt zu fühlen. Doch wie die Menschen, die von ihnen besessen sind, so werden auch Ideen geboren und sterben. Selbst wenn sie Generationen überdauern können, sie werden alt und vergehen irgendwann. Aber solange Menschen von einer Idee beherrscht sind, sind sie gefangen in dem, was Becker »Lebenslüge« nannte. Indem sie sich mit einer ephemeren bloßen Vorstellung identifizieren, können sie sich einbilden, aus der Zeit gefallen zu sein. Und indem sie diejenigen töten, die nicht an ihre Ideen glauben, können sie meinen, den Tod besiegt zu haben.

Als Raubtiere töten Katzen, um zu leben. Katzen riskieren immer wieder ihr Leben, um der Gefangenschaft zu entkommen. Und die Weibchen sind bereit, für ihre Jungtiere zu sterben. Anders als Menschen töten und sterben Katzen nicht, um irgendeine Form von Unsterblichkeit zu erlangen. Es gibt unter ihnen keine Selbstmordattentäter. Wenn Katzen sterben wollen, dann deshalb, weil sie nicht mehr länger leben wollen.

Wittgenstein hat geschrieben:

> Wenn man unter Ewigkeit nicht unendliche Zeitdauer, sondern Unzeitlichkeit versteht, dann lebt der ewig, der in der Gegenwart lebt.[17]

Weil Menschen meinen, sie könnten sich das Ende ihres Lebens vorstellen, glauben sie, mehr über den Tod zu wissen als andere Lebewesen. Dabei ist das, was Menschen als ihren bevorstehenden Tod kennen, nur ein Bild, das ihr Wissen um das Vergehen der Zeit in ihren Köpfen hervorbringt. Da Katzen ihr Leben nur kennen, wie sie es leben, sind sie sterbliche Unsterbliche, die erst dann an den Tod denken, wenn er kurz bevorsteht. Es ist nicht schwer zu verstehen, warum sie seit jeher verehrt werden.

—

KATZEN ALS GÖTTER

Da sie eine Freiheit und Glückseligkeit verkörpern, die die Menschen nie gekannt haben, sind Katzen Fremde in der menschlichen Welt. Wenn sie als »unnatürliche« Lebewesen betrachtet wurden, dann gerade deshalb, weil sie ihrer Natur entsprechend leben. Da eine solche Lebensweise unter Menschen nicht zu finden ist, wurden Katzen sogar für Dämonen oder Götter gehalten.

Um die Katzenverehrung im alten Ägypten zu verstehen, müssen wir Begriffe ausklammern, die uns heute selbstverständlich erscheinen. Jaromir Malek hat geschrieben:

> Die Unterscheidung, die wir instinktiv zwischen Menschen und Tieren vornehmen, war damals weniger stark ausgeprägt, ja, den Begriff »Tier« gab es gar nicht. Der Begriff »Lebewesen« umfasste Götter, Menschen und Tiere. In einem theologischen Traktat, der unter Pharao Schabaka (716-702 v. u. Z.) aufgezeichnet

wurde, aber vielleicht schon im dritten Jahrtausend v. u. Z. entstand, heißt es, das Herz und die Zunge des Schöpfergottes Ptah sei in »allen Göttern, allen Menschen, allem Vieh, allen Würmern, allem, was lebt« gegenwärtig. Wie die Menschen, so waren auch die Tiere vom Schöpfergott erschaffen worden, sie huldigten ihm (auf ihre Weise) und wurden von ihm versorgt. In Ausnahmefällen mag ihre Verbindung mit dem Gott sogar unmittelbarer gewesen sein als die der Menschen.[18]

Unser Bild von archaischen Völkern ist geprägt von Fortschrittsmythen des 19. Jahrhunderts. In einer bahnbrechenden Geschichte des alten Ägypten hat John Romer diese Mythologie auf den Punkt gebracht:

> Das große Narrativ der archäologischen Historiker [Ägyptens] [...] erzählte von einem universalen pseudo-evolutionären Fortschritt, der von der Wildheit über die Barbarei geradewegs zum Hotel Ritz führte.[19]

Nach diesem rationalistischen Mythos war das alte Ägypten eine dem magischen Denken ergebene Gesellschaft. Unfähig, den Unterschied zwischen ihren Gedanken und dem Walten der Natur zu erkennen, verwischten die Menschen dieser fernen Zeit in ihren Köpfen die Unterschiede zwischen Leben und Tod und zwischen Göttern und irdischer Regierung. Aber die Dinge so zu sehen, bedeutet, unsere Ideen und Glaubensvorstellungen auf diese Menschen der Antike zurückzuprojizieren.

Den alten Ägyptern war unser heutiger Begriff von dem, was es heißt, Mensch zu sein, vollkommen fremd. Menschen waren für sie nicht einzigartig in dem Sinne, dass sie einen Status hätten, der anderen Lebewesen fehle. Vorstellungen wie die der Griechen und Römer, wonach der menschliche Geist einem göttlichen Geist am nächsten komme, waren ihnen unbekannt; dasselbe gilt für die Vorstellung der »Religion« schlechthin. Die moderne Unterscheidung zwischen einem sakralen Bereich des Kultus und dem »säkularen« Bereich des Alltagslebens gab es nicht. Hätte man einen alten Ägypter nach seiner Religion gefragt, er hätte die Frage gar nicht verstanden.

Auch die dem Monotheismus entstammende Vorstellung von einem übernatürlichen Reich gab es nicht. Die Ägypter knüpften an animistische Traditionen an, nach denen die Welt voller Geister war. In diesen Traditionen waren die Menschen den anderen Tieren nicht überlegen. Es gab keine Unterscheidung zweier völlig verschiedener Ordnungen der Dinge – einer Ordnung der empfindungslosen Materie und einer anderen der immateriellen Seelen –, sondern es gab nur *eine* Ordnung, der Tier- und Menschenseelen gemeinsam angehörten. Viele unserer grundlegendsten und scheinbar selbstverständlichen Kategorien des Denkens waren nicht vorhanden.

Den Philosophien der letzten Jahrhunderte zufolge ist die menschliche Zivilisation majestätisch auf einem Weg vorangeschritten, der triumphal zu uns führte. Archaische Denkweisen seien von modernen verdrängt worden, Mythen und Rituale wissenschaftlichen Erklärungen und pragmatischer Vernunft gewichen. Jede Vorstellung, dass Katzen magische Tiere seien, musste einer primitiven Vergangenheit angehören.

Und doch hat sich der menschliche Geist seit archaischen Zeiten nicht sehr verändert; die Vorstellung, wir seien ganz anders als die alten Ägypter, ist selbst ziemlich primitiv. Wir wissen viel mehr, als sie wussten, und haben viel mehr Macht über Aspekte der materiellen Welt, aber das macht uns für Mythenbildung nicht weniger anfällig.

Hat man die überholte Mythologie des Fortschritts einmal hinter sich gelassen, sieht man die Verehrung von Katzen mit anderen Augen. Katzen wurden im alten Ägypten durch einen natürlichen Prozess zu Göttern, nachdem sie – ähnlich wie im Nahen Osten – mit den Menschen zu interagieren und dann mit ihnen zu leben begonnen hatten.

Um 4000 v. u. Z. tauchten wilde Katzen in ägyptischen Siedlungen auf und fanden dort Getreidespeicher mit Nagetieren und Schlangen, die sie töteten und fraßen. Innerhalb der nächsten zweitausend Jahre entwickelte sich eine Symbiose, in der die Katzen von der zuverlässigen Nahrungsversorgung und die Menschen von der Reduzierung der Schädlinge profitierten. Von etwa 2000 v. u. Z. an hielten Katzen Einzug in die Haushalte und wurden als Gefährten akzeptiert. »So wurde die Katze«, schreibt Malek, »zu einem Haustier, genauer, sie machte sich dazu.«[20]

In einem kleinen Grab in Abydos, einer Nekropole des Mittleren Reiches in Oberägypten, die auf etwa 1980–1801 v. u. Z. datiert wird, wurden in der Nähe einiger kleiner Töpfe, die ursprünglich Milch enthalten haben könnten, siebzehn Katzenskelette gefunden. Sollte es sich wirklich um Milchtöpfe gehandelt haben, wäre es das früheste belegte Beispiel dafür, dass erwachsene Katzen auf diese Weise gefüttert wurden.[21] Zwischen ungefähr 1000 v. u. Z. und 350 n. u. Z. wurden Katzen als Erscheinungen von Gottheiten, vor allem der Göttin Bastet, angesehen und in Tempelzwingern gezüchtet. Auf einer Stele (einer kleinen, oben abgerundeten Steinplatte, wie sie oft an der Rückseite großer Tempel aufgestellt war) aus der Zeit um 1250 v. u. Z. sind zwei Katzen zu sehen, die Re (Ra, den Sonnengott) darstellen. In die Stele ist ein Gedicht eingemeißelt, das sowohl an die »große Katze« als auch an den Sonnengott gerichtet zu sein scheint:

> Ein Loblied auf die große Katze,
> die vor Pre, dem großen Gott, die Erde küsst:
> O Friedlicher, der zum Frieden zurückkehrt,
> du lässt mich die Dunkelheit sehen, die du erschaffen hast.
> Erleuchte mich, dass ich deine Schönheit sehen kann,
> wende dich mir zu,
> o Schöner, wenn im Frieden ist
> der Friedvolle, der eine Rückkehr zum Frieden kennt.[22]

Von Begleitern und Helfern im Haushalt wurden Katzen zu Glücksbringern und heiligen Tieren. Amulette mit Abbildungen von Katzen wurden am Körper oder auf der Kleidung getragen. Zur Zeit des Neuen Reiches (nach 1540 v. u. Z.) wurden in Königsgräbern Katzen dargestellt, die den Sonnengott auf seinem nächtlichen Gang durch die Unterwelt beschützen. In Totenbüchern aus dieser Epoche bewachen Katzen die Feinde des Gottes und stehen als Wachposten am letzten Tor, durch das er auf seiner Reise zurück ins Leben und ins Licht gehen muss. Statuetten zeigten Katzen, die Göttern beistehen oder sie beschützen. Manchmal waren auch Menschen dargestellt, die vor Katzen knien und ihnen huldigen.

Im 4. Jahrhundert v. u. Z. gab es in der Nekropole von Hermopolis einen »Tempel der lebenden Katze« und einen großen Friedhof für mumifizierte Katzen in der Nähe. Zwar wurden nicht nur Katzen mumifiziert, sondern auch Mungos, Ibisse, Geier, Falken, Krokodile und natürlich Menschen. Aber Katzen wurden in großer Zahl mumifiziert, und gegen Ende des 19. Jahrhunderts gelangten ganze Schiffsladungen dieser Mumien nach Europa. Die Folge war ein Überangebot auf dem Markt, das dazu führte, dass Katzenmumien oft als Dünger oder sogar als Schiffsballast verwendet wurden, so dass viele zerstört wurden oder verloren gingen.

Herodot schreibt, die Bewohner eines ägyptischen Hauses, das in Flammen stand, seien oft mehr um ihre Katzen als um ihr sonstiges Hab und Gut besorgt gewesen. Als ein Mitglied einer römischen Delegation im Jahr 59 v. u. Z. versehentlich eine Katze tötete, wurde der Mann trotz Intervention des Königs gelyncht. Und der ägyptische Weise Anch-Scheschonqi warnte: »Lache nicht über eine Katze.«[23]

Unter Monotheisten hatten Katzen einen schlechten Ruf: Der christliche Theologe Clemens von Alexandria aus dem 2. Jahrhundert griff die Ägypter an, weil sie Katzen in ihren Tempeln hielten. Es gab aber auch theistische Traditionen, die respektvoller waren: Franz von Assisi (1182–1226) glaubte, dass die Liebe zu Gottes Schöpfung die Liebe zu allen Geschöpfen Gottes einschließe. Das jüdische Gesetz enthält Gebote, Tiere mit Mitgefühl zu behandeln, darunter eine dreitausend Jahre alte Verfügung, dass Nutztiere einen Ruhetag bekommen sollten. Der Prophet Mohammed soll einmal einen Ärmel seines Gewands abgeschnitten haben, um eine darauf schlafende Katze nicht zu stören, und Sultan Baibars (ca. 1223–1277) bestimmte testamentarisch einen Garten in Kairo als Zufluchtsort für obdachlose Katzen.

Katzen waren im alten Ägypten vielerlei: Begleiter der Menschen beim Übergang in ein anderes Leben, Erscheinungen von Göttern, Beschützer von Göttern. Dass sie all das zugleich sein konnten, zeugt nicht nur von der Subtilität des archaischen ägyptischen Geistes, sondern auch von der Bedeutung der Katzen für die Menschen. Katzen symbolisierten Bejahung des Lebens in einer Welt, die sich unablässig mit den Toten beschäftigte. Die ägyptische Religion reagierte auf das Wissen um den bevorstehenden Tod damit, dass sie auf das Leben in einer anderen Welt vorbereitete, aber sie brauchte die Katzen, um das Gefühl zu bewahren, in dem Reich jenseits des Grabes lebendig zu sein. Da Katzen nur das Leben kennen, bis sie an der Schwelle zum Tod stehen, werden sie vom Tod nicht beherrscht. Die Ägypter wussten ganz genau, warum sie auf der Reise durch die Unterwelt von Katzen begleitet werden wollten.

Wenn es ans Sterben ging, saßen Menschen und Katzen im selben Boot. Niemand im alten Ägypten glaubte, dass nur Menschen, nicht auch Katzen eine Seele haben. Aber wenn die Seele vom Tod nicht berührt wird, ist die Katzenseele der Unsterblichkeit näher, als es die menschliche Seele je sein kann.

6

—

KATZEN UND DER SINN DES LEBENS

Wenn Katzen die Sinnsuche der Menschen verstehen könnten, sie würden schnurren, ergötzt von dieser Absurdität. Als die Katze zu leben, die sie nun einmal sind, ist für sie Sinn genug. Dagegen können Menschen nicht anders, als nach einem Sinn jenseits ihres bloßen Lebens zu suchen.

Die Suche nach Sinn erwacht mit dem Wissen um den Tod, einem Wissen, das ein Produkt des den Menschen gegebenen Bewusstseins ihrer selbst ist. Und aus Angst vor dem Ende ihres Lebens haben die Menschen Religionen und Philosophien erfunden, die lehren, dass der Sinn ihres Lebens mit ihrem Tod nicht verloren sei. Aber da der Sinn, den die Menschen ihrem Leben geben, sehr zerbrechlich ist, leben sie in größerer Angst als zuvor. Die Geschichten, die sie für sich ersonnen haben, ergreifen von ihnen Besitz, und so verbringen die Menschen ihre Tage mit dem Versuch, die Figur zu sein, die sie erfunden haben. Ihr Leben gehört nicht ihnen, sondern einer Figur, die sie in ihrer Phantasie erschufen.

Eine Folge dieser Art zu leben ist, dass Menschen auf Ereignisse fixiert sein können, die ihre Geschichten sprengen:

Sie verlieren geliebte Menschen, ihr eigenes Leben gerät in Gefahr, oder sie sehen sich gezwungen, ihre Heimat zu verlassen. Zwar bewältigen diejenigen, die ihr Leben in eine tragische Geschichte verwandeln, Erfahrungen von unabänderlichem Verlust. Aber für diese Art der Bewältigung ist ein Preis zu zahlen. Das eigene Leben als Tragödie zu betrachten kann ihm zwar einen Sinn geben, bindet aber auch an die eigenen Sorgen.

Katzen haben womöglich schreckliche Leiden zu ertragen, und ihr Leben wird vielleicht brutal verkürzt. Mèos Leben war voller Schrecken, und wenn traumatische Erinnerungen geweckt wurden, kehrten diese Schrecken zu ihm zurück. Gattino litt am Anfang und sehr wahrscheinlich auch am Ende seines Lebens. Beide Kater kannten großen Schmerz, aber keiner der beiden empfand sein Leben als tragisch. Trotz ihrer Leiden lebten sie mit furchtloser Freude. Können Menschen auch so leben, oder sind sie dafür zu schwach?

—

KATZENNATUR, MENSCHENNATUR

Es gibt viele, die den Begriff der Menschennatur am liebsten aus dem Lexikon streichen würden. Menschen, sagen sie, erschaffen sich selbst: Im Unterschied zu anderen Tieren können sie frei entscheiden, was immer sie sein wollen. Die Rede von der Menschennatur beschneide diese Freiheit und unterstelle die Menschen der Herrschaft willkürlich festgesetzter Normen.

Diese als Postmoderne bezeichnete Denkweise wurde von Jean Baudrillard, Richard Rorty und anderen Philosophen vertreten – sie hat viele Inkarnationen gehabt. Der vom frühen Jean-Paul Sartre gepredigte Existenzialismus war die Idee, dass jeder Mensch nur eine selbst entworfene Geschichte, keine Natur habe. Die Romantiker wollten, dass jedes menschliche Leben ein Kunstwerk sei, das – wie ihrer Meinung nach die bedeutendsten Kunstwerke – aus dem Nichts geschaffen werde. Aber wenn der Mensch den anderen Lebewesen darin gleicht, dass er eine zufällige Ausgeburt der Evolution ist, wie könnte er dann sich selbst erschaffen? Es ist wahr, dass das menschliche Tier sich eine künstliche Natur erschafft. Unter anderem dies meint Pascal, wenn er schreibt: »Die Gewohnheit ist eine zweite Natur, welche die erste zerstört. Aber was ist Natur eigentlich? Warum ist die Gewohnheit nicht natürlich? Ich befürchte sehr, dass diese Natur selbst nur eine erste Gewohnheit ist, wie die Gewohnheit eine zweite Natur ist.«[1] Aber diese zweite Natur ist vielleicht vordergründiger, als Pascal glaubte.

Der russische Schriftsteller Warlam Schalamow, der fünfzehn Jahre in arktischen Gulag-Lagern überlebte, in denen die Temperaturen im Winter regelmäßig unter minus 50 Grad Celsius sanken und die Gefangenen im Durchschnitt nicht mehr als drei Jahre überlebten, stellte fest, dass einige Wochen Hunger, Überarbeitung und Prügel in einer extrem kalten Umgebung genügen, um die Menschlichkeit jedes Menschen zu vernichten. Abgesehen von vereinzelten Beispielen für Güte gibt es in Schalamows Bericht nichts, was für die Widerstandsfähigkeit des »menschlichen Geistes« spricht. Gutwilligkeit bewiesen nur nichtmenschliche Lebewesen: die Bären und der Gimpel, die das Feuer des Jägers auf sich zogen, damit ihre Artgenossen entkommen konnten, der Husky, der Gefangene beschützte und die Wachen anknurrte, und die Katze, die Häftlingen beim Fischfang half.

Menschen verlieren schnell ihre Menschlichkeit, während Katzen nie aufhören, Katzen zu sein. Aber wenn die Natur, die die Menschen zu haben glauben, aus Eigenschaften besteht, die sie innerhalb von Wochen verlieren können, was ist ihnen dann wirklich eigen?

Dennoch, entgegen dem, was die Verfechter der Postmoderne behaupten, gibt es so etwas wie eine Menschennatur. Sie manifestiert sich zum Beispiel im universalen Bedürfnis nach Sinn. Aber da sie viele verschiedene und manchmal einander widerstreitende Lebensformen hervorgebracht hat, stellt sich die Frage: Wie kann jemand seine Natur kennen, wenn die Menschennatur so widersprüchlich ist? Hat jeder Mensch eine eigene Natur, oder könnte es ein, dass diese Vorstellung nur eine weitere metaphysische Fiktion ist?

Der wahre Kern der Fiktion von einer individuellen Natur ist, dass niemand das gute Leben wählt, sondern dass jeder es nur finden kann. Selbst wenn unsere Erfahrungen auf Entscheidungen beruhen, von denen wir glauben, wir hätten sie getroffen, sind sie nicht von uns bestimmt. Das gute Leben ist nicht das Leben, das man will, sondern eines, das einen erfüllt. Der Metaphysik entkleidet, ist es das, was Spinozas Idee des *conatus* besagt und was der Lehre des Daoismus entspricht, wir müssten dem Weg in uns selbst folgen.

Darin sind wir eins mit allen anderen Lebewesen. Der Mensch steht weder über noch unter den anderen Tieren. Es gibt keine kosmische Werteskala, keine »große Kette des Seins«; keinen externen Maßstab, nach dem der Wert eines Lebens beurteilt werden kann. Menschen sind Menschen, Katzen sind Katzen. Der Unterschied ist, dass Katzen nichts von uns lernen können, wir aber etwas von ihnen: nämlich, wie wir uns die Last, die mit dem Menschsein verbunden ist, leichter machen können.

Eine Last, von der wir uns sogar ganz befreien können, ist die Vorstellung, es könne ein vollkommenes Leben geben. Nicht, dass unser Leben unvermeidlich unvollkommen wäre. Es ist vielmehr reicher als jede Vorstellung von Vollkommenheit. Das gute Leben ist nicht eines, das man geführt haben oder noch führen könnte, sondern das Leben, das man schon führt. Hierin können Katzen unsere Lehrmeister sein, da sie das Leben, das sie nicht gelebt haben, nicht vermissen.

—

ZEHN KATZENTIPPS FÜR EIN GUTES LEBEN

Katzen haben kein Interesse daran, Menschen beizubringen, wie sie leben sollten, und wenn sie es hätten, würden sie keine Gebote erlassen. Doch man kann sich vorstellen, dass Katzen uns Tipps für ein weniger ungeschicktes Leben geben könnten. Natürlich würden sie nicht erwarten, dass wir ihren Ratschlägen folgen. Sie würden sie spielerisch geben, zu ihrer eigenen Unterhaltung und zur Unterhaltung der Menschen, denen sie helfen wollten.

1
—

VERSUCHEN SIE NIEMALS, MENSCHEN ZUR VERNUNFT ZU BRINGEN

Der Versuch, Menschen zu überreden, vernünftig zu sein, ist wie der Versuch, Katzen zu Veganern zu machen. Menschen bedienen sich ihres Denkvermögens in der Regel, um zu untermauern, was sie glauben wollen, und nur ausnahmsweise, um herauszufinden, ob das, was sie glauben, wahr ist. Das mag bedauerlich sein, aber es gibt nichts, was Sie oder sonst irgendjemand dagegen tun kann. Wenn menschliche Unvernunft Sie frustriert oder in Gefahr bringt, gehen Sie weg.

2
—

ES IST TÖRICHT, WENN SIE DARÜBER KLAGEN, SIE HÄTTEN ZU WENIG ZEIT

Wenn Sie meinen, Sie hätten zu wenig Zeit, dann wissen Sie Ihre Zeit nicht sinnvoll zu nutzen. Tun Sie, was Ihnen zweckmäßig erscheint oder was Sie gern um seiner selbst willen tun. Wenn Sie so leben, haben Sie jede Menge Zeit.

SUCHEN SIE NICHT NACH EINEM SINN IN IHREM LEIDEN

Wenn Sie unglücklich sind, können Sie Trost in Ihrem Elend suchen, aber Sie riskieren dann, es zum Sinn Ihres Lebens zu machen. Hängen Sie nicht an Ihrem Leiden, und meiden Sie Menschen, die das tun.

4

—

ES IST BESSER, ANDEREN GEGENÜBER GLEICHGÜLTIG ZU SEIN, ALS ZU GLAUBEN, SIE MÜSSTEN SIE LIEBEN

Wenige Ideale sind so schädlich wie das der universalen Liebe. Kultivieren Sie lieber Gleichgültigkeit, die sich in Freundlichkeit verwandeln kann.

5

—

VERGESSEN SIE DIE SUCHE NACH DEM GLÜCK, UND SIE KÖNNEN ES FINDEN

Wenn Sie dem Glück hinterherjagen, werden Sie es nicht erhaschen, denn Sie wissen nicht, was Sie glücklich macht. Tun Sie stattdessen, was Sie am interessantesten finden, und Sie werden glücklich sein, ohne etwas vom Glück zu wissen.

6
—

DAS LEBEN IST KEINE GESCHICHTE

Wenn Sie Ihr Leben für eine Geschichte halten, werden Sie versucht sein, sie zu Ende zu schreiben. Dabei wissen Sie weder, wie Ihr Leben enden, noch, was bis dahin geschehen wird. Es wäre besser, das Drehbuch wegzuwerfen. Das ungeschriebene Leben ist lebenswerter als jede Geschichte, die Sie erfinden könnten.

7
—

FÜRCHTEN SIE SICH NICHT VOR DER DUNKEL-HEIT, DENN VIELES, WAS KOSTBAR IST, WIRD NACHTS GEFUNDEN

Man hat Ihnen beigebracht, zu denken, bevor Sie handeln, und häufig mag das ein guter Rat sein. Im Handeln dem Gefühl des Augenblicks zu folgen ist vielleicht nur das Leben nach einer obsoleten Philosophie, die Sie ohne nachzudenken akzeptiert haben. Aber manchmal ist es besser, einer Ahnung zu folgen, die im Dunkel schimmert. Sie wissen nie, wohin sie Sie führen mag.

8
—

SCHLAFEN SIE AUS FREUDE AM SCHLAFEN

Schlafen, um nach dem Aufwachen härter arbeiten zu können, ist eine miserable Art zu leben. Schlafen Sie aus Lust,
nicht für den Nutzen.

9
—

HÜTEN SIE SICH VOR ALLEN, DIE IHNEN VERSPRECHEN, SIE GLÜCKLICH ZU MACHEN

Die Ihnen versprechen, Sie glücklich zu machen, tun das,
um selbst weniger unglücklich zu sein. Sie brauchen Ihr Leiden, da sie ohne es weniger Grund zu leben hätten. Miss-
trauen Sie Menschen, die behaupten, sie würden für andere
leben.

10
—

WENN SIE NICHT LERNEN KÖNNEN, EIN WENIG MEHR WIE EINE KATZE ZU LEBEN, KEHREN SIE OHNE BEDAUERN IN DIE MENSCHLICHE WELT DER ZERSTREUUNG ZURÜCK

Wie eine Katze zu leben, bedeutet, nichts zu wollen, was über
das Leben, das man führt, hinausgeht. Das wiederum heißt,

ohne Trost zu leben, und das könnte für Sie zu schwer zu ertragen sein. Wenden Sie sich in diesem Fall einer altmodischen Religion zu, vorzugsweise einer, die reich an Ritualen ist. Wenn Sie keinen Glauben finden können, der zu Ihnen passt, verlieren Sie sich im gewöhnlichen Leben. Die Erregungen und Enttäuschungen der romantischen Liebe, das Streben nach Geld und Status, der Affenzirkus der Politik und das Geschrei der Nachrichten werden bald jedes Gefühl der Leere vertreiben.

—

MÈO AUF DEM FENSTERSIMS

Eine philosophierende Katze würde Menschen nicht ermutigen, nach Weisheit zu streben. Suchen Sie, wenn Sie keine Freude am Leben haben, Erfüllung in der Unbeständigkeit und der Illusion. Kämpfen Sie gegen die Angst vor dem Tod nicht an. Lassen Sie sie abklingen. Wenn Sie sich nach Ruhe sehnen, werden Sie immer in Unruhe sein. Wenden Sie sich der Welt wieder zu und nehmen Sie ihre Verrücktheit an.

Manchmal werden Sie zu sich selbst zurückkehren wollen. Die Welt zu betrachten, ohne sie mit Gewalt in unsere Geschichten einpassen zu wollen, ist das, was viele Traditionen als Kontemplation bezeichnen. Wenn Sie die Dinge ansehen, ohne sie verändern zu wollen, können sie Ihnen einen Blick in die Ewigkeit eröffnen: Jeder Augenblick ist vollkommen, und die sich wandelnde Szenerie offenbart sich Ihnen, als wäre sie aus der Zeit gefallen. Die Ewigkeit ist keine andere Ordnung der Dinge, sondern die ohne Angst gesehene Welt.

Für Menschen ist Kontemplation eine Auszeit vom Leben,

für Katzen ist sie die Wahrnehmung des Lebens. Mèo war immer in Gefahr – auch dann, wenn er stundenlang auf dem Fenstersims hockte. Er suchte nicht nach einem Sinn in der Welt, die er von oben beobachtete. Katzen zeigen uns, dass die Suche nach Sinn, wie das Streben nach Glück, eine Ablenkung ist. Der Sinn des Lebens ist eine Berührung, ein Duft – zufällig gekommen und wieder fort, bevor wir es merken.

DANKSAGUNG

Simon Winder, mein Lektor bei Penguin, hat mich unermüdlich zum Schreiben dieses Buches ermutigt. Seine Kommentare und die seiner Kollegin Eva Hodgkin haben den Text unermesslich verbessert. Tracy Bohan, meine Agentin bei der Wylie Agency, und ihre Kollegin Jennifer Bernstein haben mich von Anfang an wunderbar unterstützt. Adam Phillips hat mich über viele Jahre hinweg zum Nachdenken über die Themen des Buches angeregt; seine Kommentare waren für mich von unschätzbarem Wert. Gespräche mit Bryan Appleyard, Robert Colls, Michael Lind, Paul Schutze, Geoffrey Smith, Sheila Stevens und Marina Vaizey halfen mir, es zu schreiben.

Vier Katzen haben ihren eigenen unverzichtbaren Beitrag geleistet. Zwei Burma-Katzen, die Schwestern Sophie und Sarah, und zwei Birma-Kater, die Brüder Jamie und Julian, waren über einen Zeitraum von fast dreißig Jahren geschätzte Begleiter. Julian war dreiundzwanzig und genoss das Leben noch immer, als ich das Buch schrieb.

Wie immer gilt meine tiefste Dankbarkeit meiner Frau Mieko, ohne die dies alles nicht möglich gewesen wäre.

John Gray

—

ANMERKUNGEN

1 Katzen und Philosophie

[1] Ich habe diese rationalistische Auffassung von der Religion in *Seven Types of Atheism*, London (Penguin Books) 2019, S. 9–14, erörtert.

[2] Arthur Schopenhauer, »Über den Tod und sein Verhältnis zur Unzerstörbarkeit unsers Wesens an sich«, in Schopenhauer, *Sämtliche Werke*, textkritisch bearbeitet und herausgegeben von Wolfgang Frhr. von Löhneysen. *Die Welt als Wille und Vorstellung Band II, Welcher die Ergänzungen zu den vier Büchern des ersten Bandes enthält*, Hamburg (Nikol) 2018, S. 616 f.

[3] Siehe Peter Godfrey-Smith, *Other Minds: The Octopus and the Evolution of Intelligent Life*, London (William Collins) 2017, Kap. 4, »From White Noise to Consciousness«, S. 77–105.

[4] Ich habe Vorstellungen von kosmischer Evolution erörtert in meinem Buch *Wir werden sein wie Gott: Die Wissenschaft und die bizarre Suche nach Unsterblichkeit*, aus dem Englischen von Christina Schmutz und Frithwin Wagner-Lippok, Stuttgart (Klett-Cotta) 2012, S. 222 ff.

[5] Zu der These, dass die Menschen die einzigen Wesen im Kosmos sein könnten, die sich ihrer selbst bewusst sind, siehe James Lovelock, *Novozän: Das kommende Zeitalter der Hyperintelligenz*, aus dem Englischen von Annabel Zettel, München (C. H. Beck) 2020, S. 17–20.

[6] Michel de Montaigne, »Apologie für Raymond Sebond«, in: Montaigne, *Essais*, herausgegeben und übersetzt von Hans Stilett, München (dtv) 2011, Zweites Buch, S. 187.

[7] Ebd., S. 186, 187.

[8] Sextus Empiricus, *Grundriss der pyrrhonischen Skepsis*, Einleitung und Übersetzung von Malte Hossenfelder, Frankfurt am Main (Suhrkamp) 1968, S. 95 f.

9 Montaigne, »Apologie für Raymond Sebond«, S. 240.

10 Ebd., S. 421.

11 Zu Wittgensteins Idee einer homöopathischen Philosophie bzw. Antiphilosophie siehe K. T. Fann, *Die Philosophie Ludwig Wittgensteins*, aus dem Englischen von Gisela Shaw, München (List) 1971. In einem Anhang zur englischen Neuausgabe untersucht Fann Affinitäten zwischen Wittgensteins späterem Werk und dem Daoismus: Fann, *Wittgenstein's Conception of Philosophy*, Singapur (Partridge Publishing) 2015, S. 99–114. Montaignes Skepsis in Bezug auf die Philosophie hat Hugo Friedrich in seinem Standardwerk *Montaigne*, Bern (Francke) ²1967, S. 282 ff., erläutert.

12 John Laurence, *The Cat from Hué: A Vietnam War Story*, New York (PublicAffairs) 2002, S. 23.

13 Ebd., S. 496.

14 Ebd., S. 489.

15 Ebd., S. 485.

16 Ebd., S. 491, 498 f.

17 Ebd., S. 498.

18 Ebd., S. 820.

19 Ebd., S. 822.

20 Ebd.

21 Für eine verlässliche Darstellung der Haustierwerdung von Katzen siehe Abigail Tuckers Buch *Der Tiger in der guten Stube: Wie die Katzen erst uns und dann die Welt eroberten*, aus dem Englischen von Martina Wiese, Jorunn Wissmann und Monika Niehaus, Stuttgart (Konrad Theiss Verlag) 2017, S. 48–56.

22 Ebd., S. 50.

23 Ebd., S. 72; bei Tucker ist allerdings nicht von Katzen und Mäusen, sondern von Katzen und Ratten die Rede (Anm. d. Übers.).

24 Elizabeth Marshall Thomas, *Das geheime Leben der Katzen*, deutsch von Sabine Hübner, Reinbek bei Hamburg (Rowohlt) 1996, S. 13.

25 Siehe Peter P. Marra und Chris Santella, *Cat Wars: The Devastating Consequences of a Cuddly Killer*, Princeton, NJ, (Princeton University Press) 2016, S. 19.

26 Carl Van Vechten, *The Tiger in the House*, New York (Dover Publications) 1996, S. 75.

27 Keith Thomas, *Man and the Natural World: Changing Attitudes in England 1500–1800*, London (Allen Lane) 1983, S. 109 f.

[28] Robert Darnton, *Das große Katzenmassaker: Streifzüge durch die französische Kultur vor der Revolution*, aus dem Amerikanischen von Jörg Trobitius, München, Wien (Hanser) 1989, S. 109.

[29] Van Vechten, *The Tiger in the House*, S. 74 f.

2 Warum Katzen keine Mühe haben, glücklich zu sein

[1] George Santayana, *Three Philosophical Poets: Lucretius, Dante, Goethe*, New York (Doubleday, Anchor Books) 1953, S. 183.

[2] Marc Aurel, *Selbstbetrachtungen*, übersetzt und herausgegeben von Gernot Krapinger, Ditzingen (Reclam) 2019, S. 21.

[3] Joseph Brodsky, »Hommage an Marc Aurel«, in Brodsky, *Der sterbliche Dichter: Über Literatur, Liebschaften und Langeweile*, aus dem Amerikanischen von Sylvia List, München, Wien (Hanser) 1998, S. 264.

[4] Lucius Annaeus Seneca, *Briefe an Lucilius*, aus dem Lateinischen übersetzt von Heinz Gunermann, herausgegeben, kommentiert und mit einem Nachwort versehen von Marion Giebel, Stuttgart (Reclam) 2014, S. 301 f.

[5] Blaise Pascal, *Gedanken über die Religion und einige andere Themen*, herausgegeben von Jean-Robert Armogathe, aus dem Französischen übersetzt von Ulrich Kunzmann, Stuttgart (Reclam) 1997, S. 94.

[6] Ebd., S. 94 ff. (Kursivierung im Original).

[7] Ebd., S. 47, 51.

[8] Michel de Montaigne, »Über die Ablenkung«, in: Montaigne, *Essais*, herausgegeben und übersetzt von Hans Stilett, München (dtv) 2011, Drittes Buch, S. 83 f.

[9] Michel de Montaigne, »Über die Freundschaft«, in: Montaigne, *Essais*, herausgegeben und übersetzt von Hans Stilett, München (dtv) 2011, Erstes Buch, S. 285–303.

[10] Pascal, *Gedanken*, S. 81 f.

[11] Pascal, »Das Gedenkblatt« (*Mémorial*), in Pascal, *Gedanken*, S. 484 f.

[12] So laut Pascals Schwester Gilberte Périer; siehe »Vie de Pascal« in Pascal, *Œuvres complètes*, Texte établi, présenté et annoté par Jean Mesnard, Paris (Desclée de Brouwer) 1964, S. 602 (Anm. d. Übers.).

[13] Pascal, *Gedanken*, S. 84.

[14] Ebd., S. 56.

[15] Für die sogenannte Pascal'sche Wette siehe ebd., S. 224 ff.

[16] Ebd., S. 432.

[17] Ebd., S. 141.

[18] James Boswell, *Dr. Samuel Johnson: Leben und Meinungen, mit dem Tagebuch einer Reise nach den Hebriden*, herausgegeben und aus dem Englischen von Fritz Güttinger, Zürich (Diogenes) 1981, S. 192.

[19] Samuel Johnson, *The History of Rasselas, Prince of Abissinia*, herausgegeben von Thomas Keymer, Oxford (Oxford University Press) 2009, S. 42.

[20] Christopher Smart, »For I will consider my Cat Jeoffry«, in vielen Anthologien zu finden, unter anderem in *The Sophisticated Cat*, herausgegeben von Joyce Carol Oates und Daniel Halpern, London (Pan Books) 1994, S. 61–64.

[21] Johnson, *The History of Rasselas*, S. 93.

[22] Boswell, *Dr. Samuel Johnson*, S. 589.

[23] Ebd.

3 Katzenethik

[1] Pascal, *Gedanken*, S. 62.

[2] Alasdair MacIntyre, *Der Verlust der Tugend: Zur moralischen Krise der Gegenwart*, erweiterte Neuausgabe, aus dem Englischen von Wolfgang Rhiel, Frankfurt am Main, New York (Campus Verlag) 2006, S. 41–56.

[3] Siehe Bernard Williams, *Ethik und die Grenzen der Philosophie*, aus dem Englischen von Michael Haupt, Hamburg (Rotbuch-Verlag) 1999, Kapitel 10, »Die besondere Institution Moral«, S. 242–272.

[4] Aristoteles, *Perì tà zōa historíai* 631a7-b4; siehe etwa Aristoteles, *Die Lehrschriften*, herausgegeben, übertragen und in ihrer Entstehung erläutert von Paul Gohlke, Bd. 8,1: *Tierkunde*, Paderborn (Schöningh) 1949, S. 443 f.

[5] Zum guten Leben bei Delfinen siehe Alasdair MacIntyre, *Die Anerkennung der Abhängigkeit: Über menschliche Tugenden*, aus dem Englischen von Christina Goldmann, Hamburg (Rotbuch-Verlag) 2001, S. 31 ff.

[6] Siehe A. C. Graham, *Disputers of the Tao: Philosophical Argument in Ancient China*, La Salle (Open Court) 1989, S. 13 f., 191 f.

[7] Dass es Darwin nicht gelungen ist, konsequent an seiner Theorie der natürlichen Auslese als eines zweckfreien Prozesses festzuhalten, habe ich in meinem Buch *Seven Types of Atheism*, London (Penguin Books) 2019, S. 54 f., erörtert.

[8] Laozi, *Daodejing: Das Buch vom Weg und von der Tugend*, aus dem Chinesischen übersetzt und herausgegeben von Günther Debon, Stuttgart (Reclam) 1961, S. 11. Vgl. mein Buch *Von Menschen und anderen Tieren: Abschied vom Humanismus*, aus dem Englischen von Alain Kleinschmied, Stuttgart (Klett-Cotta) 2010.

[9] Antonio R. Damasio, *Der Spinoza-Effekt: Wie Gefühle unser Leben bestimmen*, aus dem Englischen von Hainer Kober, München (List) 2003, S. 200 ff. Für eine erhellende Erörterung der Einheit von Körper und Geist siehe auch Damasios Buch *Selbst ist der Mensch: Körper, Geist und die Entstehung des menschlichen Bewusstseins*, aus dem amerikanischen Englisch von Sebastian Vogel, München (Siedler) 2011.

[10] Stuart Hampshire, »Spinoza and the Idea of Freedom«, in *Spinoza: A Collection of Critical Essays*, herausgegeben von Marjorie Grene, Garden City, NY (Anchor Press / Doubleday) 1973, S. 303 f. Wieder abgedruckt in Stuart Hampshire, *Spinoza and Spinozism*, Oxford (Clarendon Press) 2005, S. 182 ff.

[11] Hampshire, »Spinoza and the Idea of Freedom«, S. 312.

[12] Siehe Daniel M. Wegner, *The Illusion of Conscious Will*, London (MIT Press) 2002.

[13] Hampshire, *Spinoza and Spinozism*, S. 13.

[14] Ebd.

[15] Baruch de Spinoza, *Ethik in geometrischer Ordnung dargestellt*, neu übersetzt, herausgegeben, mit einer Einleitung versehen von Wolfgang Bartuschat, Lateinisch-Deutsch, Hamburg (Felix Meiner Verlag) [4]2015, S. 463, 465.

[16] Thomas Hobbes, *Leviathan oder Stoff, Form und Gewalt eines bürgerlichen und kirchlichen Staates*, herausgegeben und eingeleitet von Iring Fetscher, Übersetzung: Walter Euchner, Neuwied und Berlin (Luchterhand) 1966, S. 75.

[17] Spinoza, *Ethik*, S. 237.

[18] Ebd., S. 495.

[19] Anspielung auf Aristoteles' Ideal der *megalopsychía*: siehe Aristoteles, *Nikomachische Ethik* IV, 7–8 (Anm. d. Übers.).

[20] Siehe Stephen Lukashevich, *Konstantin Leontev (1831–1891): A Study in Russian ›Heroic Vitalism‹*, New York (Pageant Press) 1967, Kapitel V.

[21] Ich habe Theorien des effektiven Altruismus kritisiert in »How & How Not to Be Good«, *New York Review of Books* vom 21. Mai 2015, nachgedruckt als »How Not to Be Good: Peter Singer on Altruism« in der Neuausgabe meines Buches *Gray's Anatomy: Selected Writings*, London (Penguin Books) 2016, S. 482–491.

[22] Philip Kitcher, *The Ethical Project*, Cambridge (Harvard University Press) 2011, S. 7.

[23] Paul Wienpahl, *The Radical Spinoza*, New York (New York University Press) 1979, S. 89 f.

[24] Jon Wetlesen, *The Sage and the Way: Spinoza's Ethics of Freedom*, Assen (Van Gorcum) 1979, S. 317.

[25] Atsuko Saito, Kazutaka Shinozuka, Yuki Ito und Toshikazu Hasegawa, »Domestic cats (*Felis catus*) discriminate their names from other words«, *Scientific Reports* 9 (5394), 4. April 2019.

[26] Pascal, *Gedanken*, S. 85.

[27] Für eine erhellende Erörterung von Aufmerksamkeit und Ablenkung siehe Adam Phillips, *Attention Seeking*, London (Penguin Books) 2019.

[28] Siehe Eugen Herrigel, *Zen in der Kunst des Bogenschießens*, Konstanz (Weller) 1948.

4 Menschenliebe versus Katzenliebe

[1] Judith Thurman, *Colette: Roman ihres Lebens*, aus dem Englischen von Brigitte Flickinger, Berlin (Berlin Verlag) 2001, S. 663.

[2] Colette, *Eifersucht*, berechtigte Übersetzung aus dem Französischen von Emi Ehm, Wien (Zsolnay) 1959, S. 82.

[3] Ebd., S. 159 f.

[4] Ebd., S. 164.

[5] J. R. Ackerley, *My Dog Tulip*, New York (New York Review of Books) 2011.

[6] Andrew Wilson, *Schöner Schatten: Das Leben von Patricia Highsmith*, aus dem Englischen von Anette Grube und Susanne Röckel, Berlin (Berlin-Verlag) 2003, S. 460.

[7] Tiefschürfende Beobachtungen von Anhänglichkeit bei Katzen finden sich in Jeffrey M. Masson, *Katzen lieben anders*, aus dem Amerikanischen von Kristiana Ruhl, München (Heyne) 2003, S. 101–121.

[8] Wilson, *Schöner Schatten*, S. 457 ff., 375.

[9] Ebd., S. 458.

[10] Ebd., S. 457.

[11] Ebd.

[12] Patricia Highsmith, »Mings größte Beute«, in Highsmith, *Kleine Mordgeschichten für Tierfreunde*, aus dem Amerikanischen von Anne Uhde, Zürich (Diogenes) 1976, S. 82 f.

[13] Ebd., S. 97.

[14] Ebd., S. 98.

[15] Siehe Patricia Highsmith, *Zeichnungen*, Zürich (Diogenes) 1995.

[16] Germaine Brée, *Marcel Proust and Deliverance from Time*, London (Chatto and Windus) 1956, S. 99 f.

[17] Tanizaki Jun'ichirō, *Lob des Schattens: Entwurf einer japanischen Ästhetik*, Aus dem Japanischen übertragen von Eduard Klopfenstein, Zürich (Manesse) 1987, S. 53.

[18] Ebd., S. 22 f.

[19] Ebd., S. 22.

[20] Tanizaki Juni'chirō, *Eine Katze, ein Mann und zwei Frauen: Novelle*, aus dem Japanischen von Josef Bohaczek, München (Iudicium) 2019, S. 8 ff.

[21] Ebd., S. 120 f.

[22] Ebd., S. 139 f.

[23] Ebd., S. 144.

[24] Mary Gaitskill, *Der verschwundene Kater*, aus dem Amerikanischen von Manfred Allié, Zürich (Dörlemann) 2014.

[25] Mary Gaitskill, *Schlechter Umgang: Stories*, deutsch von Nikolaus Hansen, Reinbek bei Hamburg (Rowohlt) 1989. Neuausgabe: *Bad Behavior – Schlechter Umgang: Storys*, aus dem Amerikanischen von Nikolaus Hansen, mit einem Nachwort von Kristen Roupenian, Berlin (Blumenbar) 2020.

[26] Siehe Parul Sehgal, »Mary Gaitskill and the Life Unseen«, *The New York Times*, 2. November 2015.

[27] Mary Gaitskill, *Das ist Lust*, deutsch von Daniel Schreiber, Berlin (Blumenbar) 2021.

[28] Gaitskill, *Der verschwundene Kater*, S. 14 f.

[29] Ebd., S. 6.

[30] Ebd., S. 16.

[31] Ebd., S. 17 f.

[32] Ebd., S. 20 f.

[33] Ebd., S. 22.

[34] Ebd., S. 23.

[35] Ebd., S. 21.

[36] Ebd., S. 25.

[37] Ebd., S. 45 f.

[38] Ebd., S. 53 f.

[39] Ebd., S. 57.

[40] Ebd., S. 57 f.

[41] Ebd., S. 66.

[42] Ebd., S. 110 f.

[43] Ebd., S. 107.

[44] Ebd., S. 75 f.

[45] Ebd., S. 87 f.

[46] Ebd., S. 125 f.

[47] Mary Gaitskill, »Victims and Losers: A Love Story«, in Gaitskill, *Somebody with a Little Hammer*, New York (Vintage Books) 2018, S. 82.

5 Die Zeit, der Tod und die Katzenseele

[1] Nikolai Berdiajew, *Selbsterkenntnis: Versuch einer philosophischen Autobiographie*, aus dem Russischen von Reinhold von Walter, Darmstadt, Genf (Holle) 1953, S. 370 f., 375.

[2] Für eine anschauliche Schilderung der Deportation der russischen Intelligenzija durch Lenin siehe Lesley Chamberlain, *The Philosophy Steamer: Lenin and the Exile of the Intelligentsia*, London (Atlantic Books) 2006.

[3] Nicolas Berdyaev, *Dream and Reality: An Essay in Autobiography*, aus dem Russischen übersetzt von Katharine Lampert, London (Bles) 1950, S. 291.

[4] Doris Lessing, *Doris Lessings Katzenbuch*, aus dem Englischen übersetzt von Ursula von Wiese, Stuttgart (Klett-Cotta) ²1981, S. 75 f.

[5] Ebd., S. 81 f.

[6] Felipe Fernández-Armesto, *Out of Our Minds: What We Think and How We Came to Think It*, London (Oneworld Publications) 2019, S. 35 ff.

[7] Sam Keens langes Gespräch mit Ernest Becker wurde unter dem Titel »The heroics of everyday life: a theorist of death confronts his own end« im Aprilheft 1974 von *Psychology Today* veröffentlicht.

[8] Dt.: Ernest Becker, *Dynamik des Todes: Die Überwindung der Todesfurcht, Ursprung der Kultur*, aus dem Amerikanischen übertragen von Eva Bornemann, Olten, Freiburg im Breisgau (Walter) 1976.

[9] Ebd., S. 293 f.

[10] Ebd., S. 296 f.

[11] Ernest Becker, *Escape from Evil*, New York (The Free Press) 1975, S. 113 f.

[12] Für eine detaillierte Darstellung des Bolschewismus als Unsterblichkeitsideologie siehe mein Buch *Wir werden sein wie Gott: Die Wissenschaft und die bizarre Suche nach Unsterblichkeit*, aus dem Englischen von Christina Schmutz und Frithwin Wagner-Lippok, Stuttgart (Klett-Cotta) 2012.

[13] Ebd., S. 222 ff.

[14] Ich habe die Suche nach Sterblichkeit im Buddhismus erörtert in meinem Buch *Von Menschen und anderen Tieren*, S. 142 f.

[15] Es gibt mehr als eine deutsche Übertragung. Die jüngste ist *Tess*, aus dem Englischen neu übersetzt von Helga Schulz, München (dtv) 2002 (Anm. d. Übers.).

[16] »Tess's Lament«, in Thomas Hardy, *Selected Poetry*, edited with an introduction and notes by Samuel Hynes, Oxford (Oxford University Press) 1996, S. 40.

[17] Ludwig Wittgenstein, *Tractatus logico-philosophicus*, Frankfurt am Main (Suhrkamp) 1988, S. 84, Satz 6.4311.

[18] Jaromir Malek, *The Cat in Ancient Egypt*, London (British Museum Press) 2017, S. 75 f.

[19] John Romer, *A History of Ancient Egypt from the First Farmers to the Great Pyramid*, London (Penguin Books) 2013, S. xix.

[20] Malek, *The Cat in Ancient Egypt*, S. 55.

[21] Ebd., S. 51.

[22] Ebd., S. 89.

[23] Ebd., S. 75, 100.

6 Katzen und der Sinn des Lebens

[1] Pascal, *Gedanken*, S. 85.